◆ 글 서승우

서울대학교 공과대학 전기정보공학부 교수로, 학생들에게 열정과 도전을 불러일으키는 최고의 멘토로
꼽히고 있어요. 1993년 미국 펜실베니아주립대학교에서 한국인으로서는 최단 기간에 박사 학위를 받았고,
프린스톤대학교 재직 시절에는 미국 정부가 수여하는 박사후 과정 펠로우십 수상자로 선정되었죠.
2011년 10월 세계 최초의 무인태양광자동차경주대회를 기획하여 성공적인 개최를 이끌었고, 서울대 팀의
지도 교수로 참가하여 2등상을 받았어요. 2013년 10월에는 정부에서 주최한 무인자율주행자동차 경진대회에
서울대 팀을 이끌어 SUV를 개조한 무인자동차로 본선 최단 시간의 기록을 세우며 최우수상을 받았답니다.
2015년에는 한국 최초의 도심자율주행자동차 '스누버'를 개발하여 여의도 일대에서
2년간 시범 운영을 하기도 했어요.
지은 책으로는 청소년을 위한 책《공학자의 시간 여행》이 있고,
에세이《아침 설렘으로 집을 나서라》, 경제 경영서《보안경제학》,《축적의 시간》(공저) 등이 있어요.

◆ 글 최향숙

역사와 문화, 철학 등 인문 분야에 관한 책 읽기와 재미있는 상상하기를 즐겨하다, 어린이 책을 기획하고
쓰기 시작했습니다. 아들을 키우면서 수학과 과학에 관심을 두기 시작했고, 아들이 영재학교에 진학하면서
덩달아 첨단 과학과 미래 사회에 흥미를 갖게 되었습니다. 그리고 10년 뒤, 50년 뒤, 300년 뒤의
사람과 사회를 공부하고 생각하다,《넥스트 레벨》시리즈를 기획하고 집필하게 되었습니다.
지금까지 기획하고 쓴 책으로는《수수께끼보다 재미있는 100대 호기심》,《우글와글 미생물을 찾아봐》,
《아침부터 저녁까지 과학은 바빠》,《엉뚱하지만 과학입니다》시리즈 등이 있습니다.

◆ 그림 젠틀멜로우

우리 주변에서 흔히 볼 수 있는 자연과 사물에 감정을 담아서 생각을 그림으로 표현하는 작업을
해 오고 있습니다. 동화책뿐 아니라 전시, 패키지, 책 표지, 포스터, 삽화 등 다양한 분야에서 활동합니다.
지금까지 그린 책으로는《Ah! Art Once》,《Ah! Physics Electrons GO GO GO!》,
《열세 살 말 공부》,《엉뚱하지만 과학입니다 7 나만 몰랐던 코딱지의 정체》,《색 모으는 비비》,
국립제주박물관 어린이박물관 도록《안녕, 제주!》등이 있습니다.

넥스트 레벨 자율주행

서승우·최향숙 글 | 젠틀멜로우 그림

이 책의 제목인 '넥스트 레벨'이 뭐냐고? '비교 불가능한,
이전보다 더 나은, 보다 발전한……' 이런 뜻이야! 한마디로 한 수 위라는 거지!
이 책의 주인공인 '나'와 함께 3개의 Level을 Clear하고,
자율주행 분야의 넥스트 레벨이 되어 보자!

Level 3

자율주행 자동차가 늘어지는 이유가 뭔지, 자율주행 자동차 상용화에 앞서 사회적으로 합의해야 할 점은 없는지!

딜레마

자율주행 자동차가 상용화되기 위해서는 기술 이외에, 법적 제도적 준비가 필요하다는 점을 깨닫게 될 거야. 그리고 새로운 기술에 대한 바람직한 시각을 고민해 볼 거야.

Next Level

자율주행 자동차가 대세가 될 수밖에 없는 이유는 뭔지, 그랬을 때 우리의 생활은 어떻게 달라질지!

완전한 자율주행이 이뤄지기 어려운 기술적·사회적 한계에도 불구하고, 자율주행 자동차가 미래의 교통수단이 될 수밖에 없는 이유와 자율주행 자동차가 대세 교통수단이 되었을 때 어떤 변화가 생길지 상상해 볼 거야.

미래

차례

이 책을 보는 법 ··· 4

프롤로그 상상 속 자동차가 눈앞에! ········· 8

Level 1 진짜 자동차가 나타났다!

다큐툰 **진짜가 나타났다!** ························· 12

Check it up 1. 기술
자동차를 스스로 움직이게 하는 기술 ········ 22

Check it up 2. 상식
자율주행 자동차, 어디까지 왔니? ············· 29

Check it up 3. 산업
자율주행 자동차는 누가 만들까? ·············· 38

Level 2 하늘에서도, 땅속에서도 자율주행!

다큐툰 **하늘을 나는 택시** ························· 46

Check it up 1. 상식
드론과 자율주행 ·· 54

Check it up 2. 기술
하늘을 자율주행으로 나는 데 필요한 것들 ··· 62

Check it up 3. 인물
땅속에서도 자율주행을? ··························· 70

Level 3　자율주행? 쉽지 않을걸!

다큐툰 **이렇게 어려울 줄이야**……　78

Check it up 1. 윤리
어떤 선택이 올바를까?　86

Check it up 2. 법과 제도
누구의 잘못인가!　93

Check it up 3. 사회
합의가 필요해!　99

Next Level　자율주행 자동차 때문에!

다큐툰 **세상에서 가장 비효율적인 발명품**　110

Check it up 1. 자동차
자동차의 변신　118

Check it up 2. 도시
자율주행 자동차가 도시를 바꾼다　128

Check it up 3. 사람
잃을 것과 얻을 것　134

Another Round **우리는 Next Level!**　141

프롤로그 상상 속 자동차가 눈앞에!

1980년대 중반, 미국 드라마 〈전격 Z 작전〉에 나오는 만능 자동차 '키트'는 사람과 대화하는 인공지능에 자율주행 기능까지 갖추고 있어서, 어른은 물론 아이들도 흠뻑 빠지게 만들었습니다. 30여 년이 지난 2015년, 우리나라 최초의 도심 자율주행차 '스누버'가 나왔습니다. 드라마 속 상상의 자동차가 현실로 나타난 셈입니다.

최근 들어 자율주행은 발전 속도가 더욱 빨라지고 있습니다. 시장에는 자율주행 기술이 적용된 부분 자율주행차가 시판되고 있고, 제한된 지역에서는 운전자가 배제된 완전 자율주행차가 시범 운영되고 있습니다. 이렇게 폭발적으로 성장해 오던 기술이 요즘 들어 좀 주춤하고 있습니다. 기술적으로 여전히 인간의 운전 실력을 넘어 서지 못한 데다가, 사회적 인식과 법적 책임 문제 등이 해결되지 못하고 남아 있기 때문입니다.

그럼 언제쯤 완전 자율주행 기술이 탑재된 자동차를 안심하고 편하게 타고 다닐 수 있을까요? 이 책은 그 질문에 대한 답을 찾아보고자 하는 마음에서 집필하게 되었습니다. 자율주행 기술이 개발되기 훨씬 이전부터 있던 자동차의 역사로 시작하여 하늘과 땅속에서 자율주행 기술이 어떻게 활용되고 있는지를 알아봅니다. 그다음 자율주행 기술 개발이 왜 어려운지 알아보고, 그러한 문제점들이 해결되고 완전 자율주행의 시대에 들어섰을 때 세상이 어떻게 달라질지도 예상해 봅니다.

자율주행은 인간의 생명과 직결되고 사회적 파급 효과가 매우 큰 기술이라, 사고 가능성에 안전하게 대응할 수 있는 완전한 기술이 필요합니다. 그래서 인공지능, 빅데이터, 반도체, 통신 등 많은 관련 기술을 폭넓게 사용하고 있지요.

이 책으로 기술의 기본 원리를 이해하고, 완전 자율주행차가 널리 보급될 때 우리의 생활이 어떻게 바뀔지에 대해 생각해 보는 계기가 되었으면 합니다. 또 이 책이 여러분의 미래를 창의적이고 도전적인 자세로 설계하고 준비해 나가는 데 도움이 되기를 바랍니다.

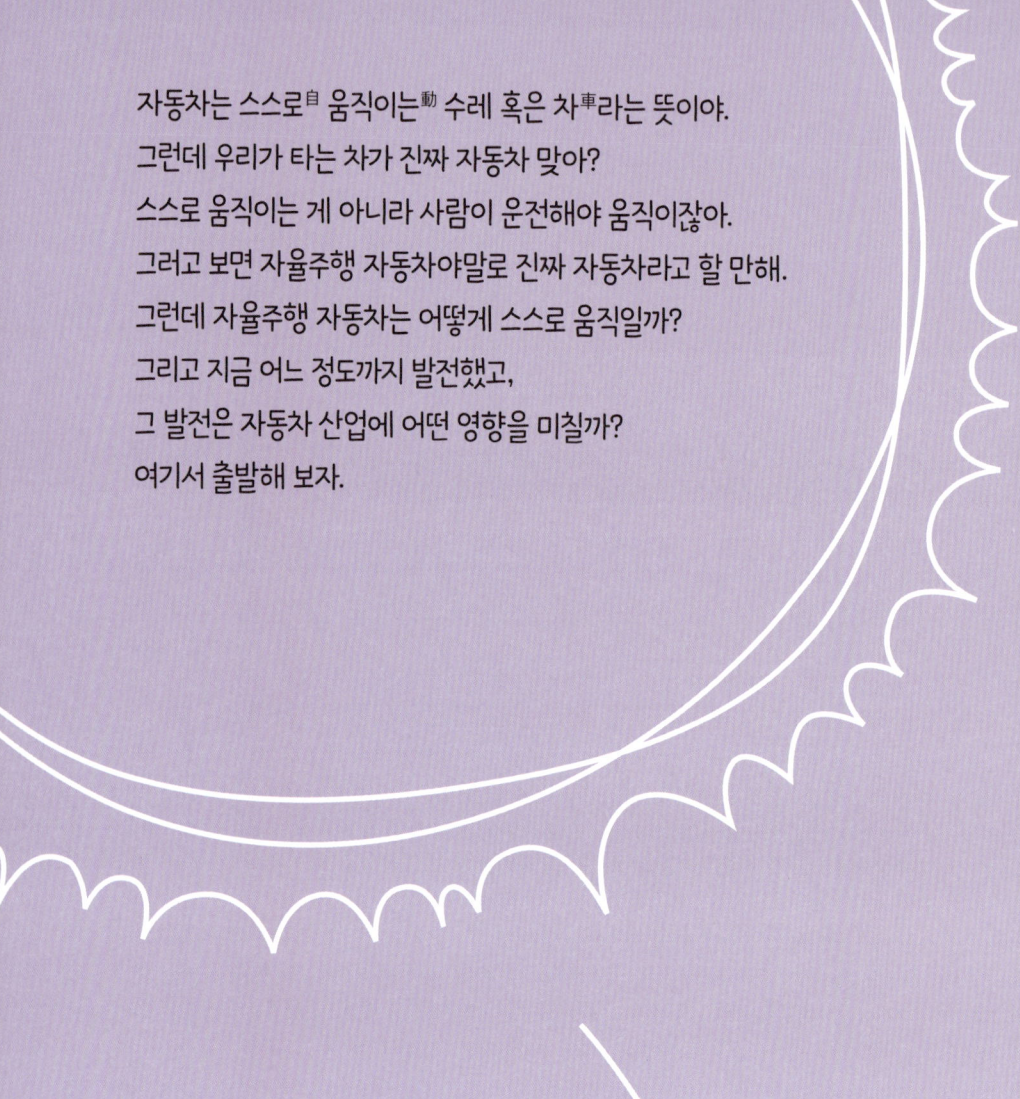

자동차는 스스로$_自$ 움직이는$_動$ 수레 혹은 차$_車$라는 뜻이야.
그런데 우리가 타는 차가 진짜 자동차 맞아?
스스로 움직이는 게 아니라 사람이 운전해야 움직이잖아.
그러고 보면 자율주행 자동차야말로 진짜 자동차라고 할 만해.
그런데 자율주행 자동차는 어떻게 스스로 움직일까?
그리고 지금 어느 정도까지 발전했고,
그 발전은 자동차 산업에 어떤 영향을 미칠까?
여기서 출발해 보자.

Level 1

진짜 자동차가 나타났다!

진짜가 나타났다!

정착해서 생활하자, 필요한 걸 '운반'해야 했어.

그래서 사람들은 이동과 운송을 위해 동물을 이용하고,
여러 기구를 개발했지.

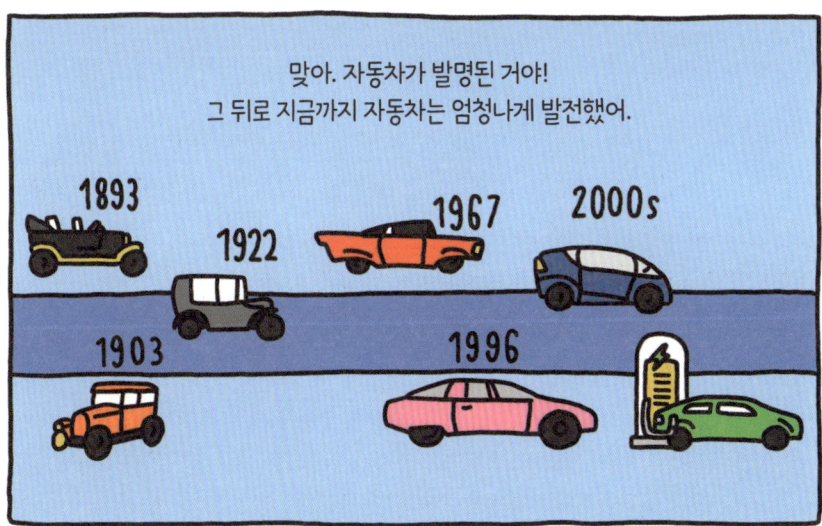

그럼 어느 정도라야 자동차라고 할 만할까?

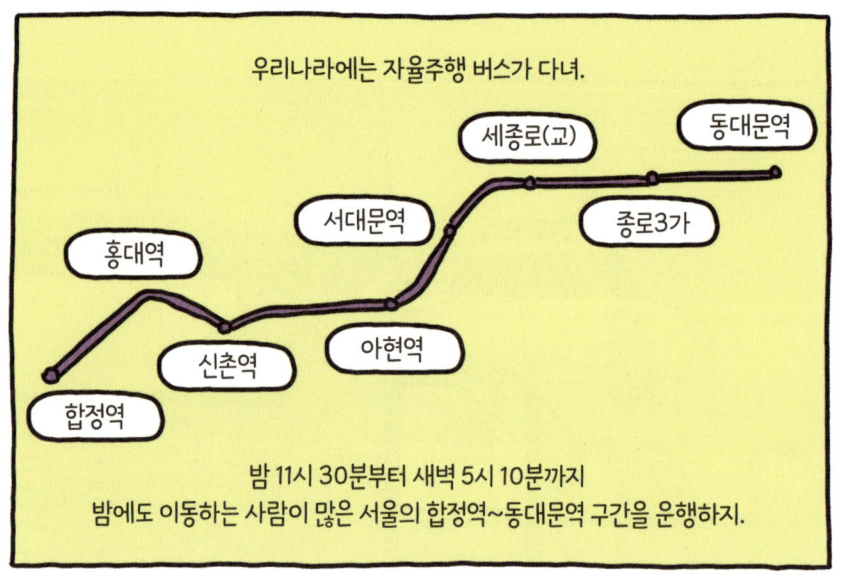

다만 이 자율주행 버스에는 특별 안전요원 2명이 탑승해.

> Check it up 1 　기술

자동차를 스스로 움직이게 하는 기술

자율주행 자동차는 어떻게 움직일까?

이 질문에 답하기 전에

먼저 우리가 어떻게 움직이는지 생각해 보자.

우리가 움직이려면 먼저 외부 세계의 문제들을 인식해야 해.

여기가 어디인지, 눈앞에 나타난 장애물이 뭔지,

목적지로 가려면 어디 어디를 거쳐 가야 하는지와 같은

문제들 말이야.

이런 문제들은 우리의 감각 기관을 통해 우리 뇌에 전달돼.

그러면 우리 뇌는 어떻게 가야 하는지에 대한 해법을 마련하고

운동기관으로 전달해서 우리가 움직일 수 있게 하지.

자율주행 자동차가 움직이는 것도 같은 원리야.
다만 인간과 다른 기관들을 가지고 있지.

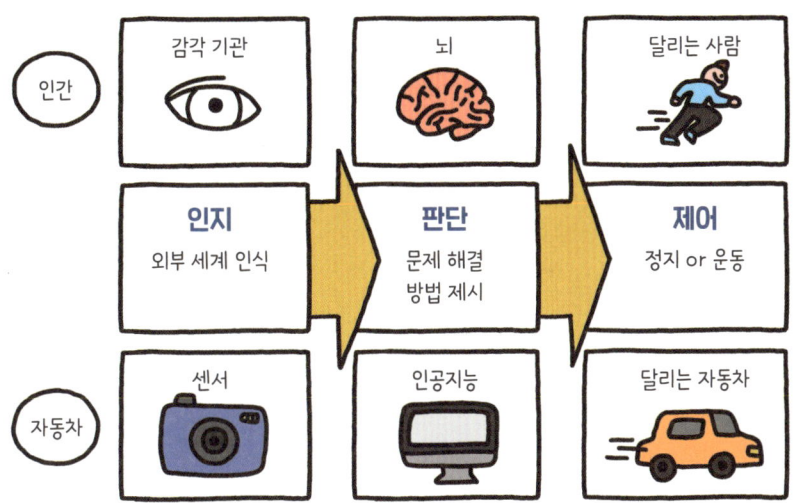

자율주행 자동차가

외부 세계를 인식할 수 있게 하는 센서부터 알아볼까?

센서는 한마디로 자동차의 눈이야.

인간의 발명품 가운데

우리의 눈과 가장 비슷한 게 뭘까?

바로 카메라지!

자율주행 자동차에는 여러 대의 카메라가 장착되어 있어.

카메라는 차선, 신호등, 보행자, 주변 차량이나 장애물 등을

파악하고 색깔도 구별해.

그런데 한계가 있어.

너무 먼 곳은 잘 보지 못하고,

깜깜한 밤이나 눈이나 비, 안개가 자욱할 때

또는 갑자기 햇빛에 반사될 때나 그림자가 질 때 등은

제대로 파악하지 못해.

이런 한계조차 우리 눈과 매우 닮았지?

자율주행 자동차는 이 한계를 극복하기 위해

카메라와는 다른 방식으로 보는 눈을 장착했어.

바로 레이더와 라이다야.

레이더 RADAR, Radio Detection and Ranging 는

전자기파를 이용해 물체의 위치와 속도를 감지하는 센서야.

물체에 전자기파를 쏜 뒤

그 전자기파가 돌아오는 시간차를 계산하면

물체의 위치, 방향 등을 알 수 있어.

또 이 과정을 반복하면 물체의 속도도 알 수 있지.

레이더는 카메라와 달리 기상 상황에 제약 없이 쓸 수 있어.

라이다LiDAR, Light Detection and Ranging는

레이저를 이용해 주변의 형상과 사물의 위치, 거리 등을
감지할 수 있는 센서야.

레이저를 쏘면 주변 사물에 빛이 반사되어 돌아와.

이 빛을 이용해 사물의 형상과 위치, 거리 등을 계산하는 거야.

그리고 이 과정을 여러 번 반복하면
주변의 상황을 3D로 구현할 수 있어.

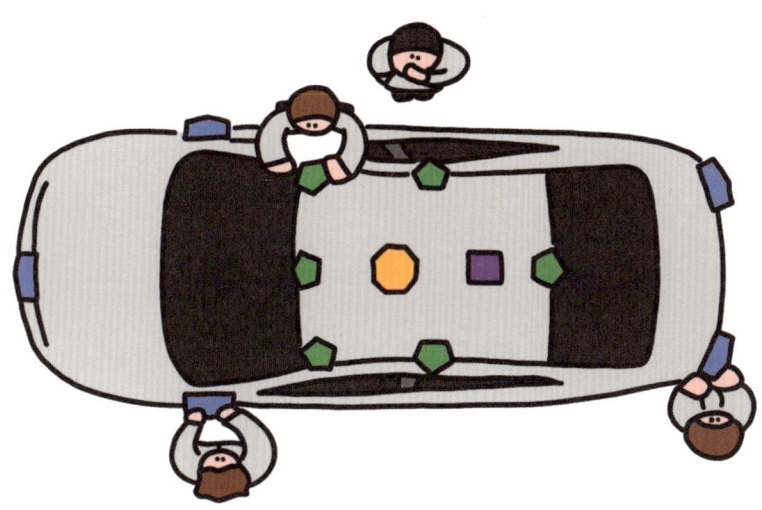

자율주행 자동차에 카메라, 라이다, 레이더 등 센서를 부착한 예
센서는 어디에 어떻게 붙이는지에 따라 효과가 달라져.
그래서 자율주행 자동차를 만드는 기업들은
최적의 센서 부착 위치를 찾기 위해서 연구하고 있어.

하지만 레이더와 라이다도 한계가 있어.

먼저 둘 다 색깔 구분을 못해.

그리고 레이더는 금속이 아닌 사물에는 반사가 잘 안 되고,

라이다는 카메라처럼 기상 상황의 영향을 많이 받아.

그래서 자율주행 자동차를 만드는 대부분의 회사들은

카메라, 레이더, 라이다를 함께 써.

이와 함께 **초음파 센서**도 부착하지.

후진할 때 주변에 물체가 있으면

삐삐 경고음을 내는 후방 감지기가 대표적인 초음파 센서야.

자동차 센서별 기능 구분

○양호, △제한적, ×나쁨

구분	카메라	레이더	라이다	초음파
사물 인지	△	○	○	○
사물 구분	○	×	△	×
거리 측정	△	○	○	○
물체 경계 구분	○	×	○	○
차선 추적	○	×	×	×
측정 거리	△	○	△	×
악천후 작동	×	○	△	○
빛 부족시 작동 제한	△	○	○	○
생산 원가	○	○	×	○
양산성	○	○	×	○

ⓒ Mckinsey, 키움증권 리서치

==GPS==Global Positioning System도 빼놓을 수 없어.

GPS는 우리말로 위성 기반 항법 시스템인데

위성을 통해 내가 지구 위 어느 지점에 있는지를 알려 줘.

자율주행 자동차에도 내비게이션이 꼭 필요해.

내가 어디에 있는지를 모르는데

목적지까지 가는 법을 어떻게 알 수 있겠어!

이러한 센서들을 통해 인지된 외부 세계는

자율주행 자동차에 장착된 **컴퓨터의 인공지능**AI에 전달돼.

여기에는 정밀 지도, 기상 변화 등

자율주행에 필요한 정보가 계속 업데이트되지.

ⓒ 현대오토에버

정밀 지도

차에 장착된 센서만으로는 자율주행 자동차가 주변 상황을 완벽히 판단하고 제어하기에 부족해. 그래서 차선, 도로 정보뿐만 아니라 주변 지형, 교차로의 곡률, 신호등과 표지판 등의 정보를 담고, 실제 도로와 10~20cm 이하의 오차를 갖는 지도를 만들고 있어. 이런 지도를 정밀 지도라고 해.

인공지능은 이미 가지고 있는 정보와
센서를 통해 입수한 새로운 정보를 종합, 분석, 판단해서
자율주행 자동차의 운동을 제어하지.
움직일지 멈출지, 속도를 늦출지 올릴지 등을 결정해서
핸들, 바퀴 등에 명령을 내리는 거야.

인공지능은 자율주행 자동차의 뇌라고 할 수 있겠네! 그런데, 진짜로 자율주행하는 자동차가 있어? 난 못 본 것 같은데……

Check it up 2 | 상식

자율주행 자동차, 어디까지 왔니?

인터넷에서 자율주행 자동차와 관련된 동영상을 찾아 봐.

어떤 자율주행 자동차는 고속도로를 씽씽 달리고,

어떤 자율주행 자동차는 차선을 자연스럽게 변경해.

정말 대단해 보여.

하지만 우리가 상상하는, 그야말로 자동차라는 이름에 걸맞게

운전자 없이 스스로 판단하고 제어해서

움직이는 자동차라고 하기엔 아쉬움이 많아!

교차로에서 갑자기 멈추는가 하면

구급차를 제대로 인식하지 못해 길을 막기도 하거든.

갑자기 나타난 사람을 인식하지 못해 사고를 낸 적도 많아.

실망할지도 모르지만,
아직 완전한 의미의 자율주행 자동차는 없어!
그런 자동차는 지금 개발하고 있는 단계야.
차근차근 발전해 가는 중이지.

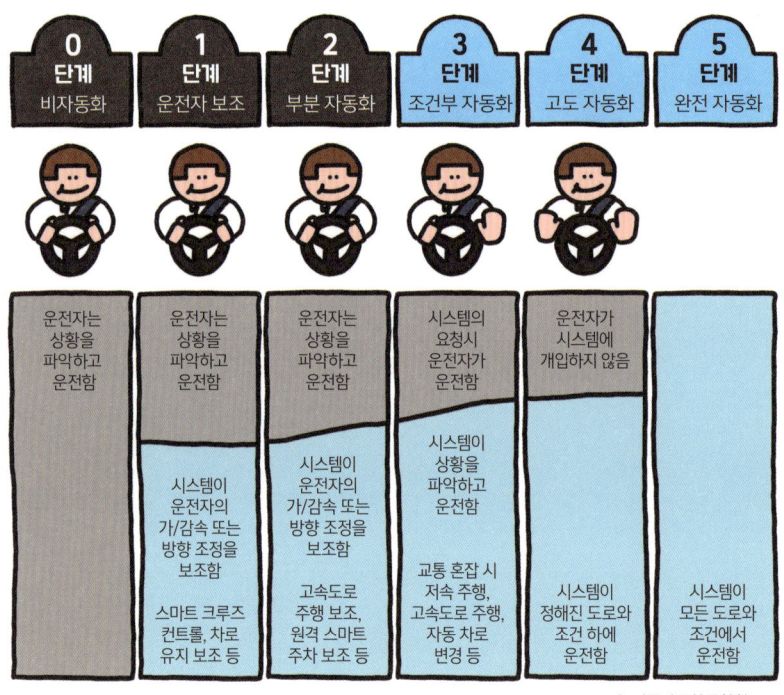

ⓒ 미국자동차공학회 SAE

자율주행의 기본적인 기능으로 차선을 따라 쭉 운행하거나
정해 준 속도 범위, 앞차와의 간격 등을 고려해서
자동으로 속도를 줄이거나 높이는 기능이 있어.

==자율주행 1단계==는 이런 기능 가운데 하나만 할 수 있어.

핸들과 페달(브레이크와 액셀러레이터) 가운데

차량이 하나만 제어할 수 있는 거야.

그에 비해 ==자율주행 2단계== 자동차는

핸들과 페달을 모두 제어할 수 있어.

차선을 이탈하지 않도록 운행하면서

주변 상황에 따라 속도를 가감할 수 있는 거야.

하지만 1단계와 2단계 모두

운전자는 '사람'이고, 자율주행은 '보조' 역할이야.

사람은 항상 자동차의 핸들을 잡고 있어야 해.

==자율주행 3단계==부터는 차량이 자율적으로 운전해.

단, 고속도로나 자동차 전용 도로처럼

특별한 장애가 없는 운전 환경에서만!

운전자는 항상 핸들을 잡고 있어야 하는 건 아니지만,

차량이 요청하면 바로 핸들을 잡을 수 있도록

비상 상황에 늘 대비하고 있어야 해.

<mark>자율주행 4단계</mark>는 비상 상황에 대비할 필요가 없어.

비상 상황이 발생해도 차량이 판단하고 제어하지.

다만 정해진 지역이나 도로에서만 운행할 수 있어.

<mark>자율주행 5단계</mark>는 그야말로 완전 자율주행 단계야.

언제 어디서든 차량이 운전하고

비상시에도 차량이 대처하지.

그럼 현재 자율주행 자동차들은 어느 단계에 있을까?

우리 집에 있는 자동차를 생각해 봐.

고속도로에서 차선을 따라 달리거나

최고 속도와 앞뒤 차와의 거리를 고려해 속도를 조절할 수 있다면

1단계 혹은 2단계 자율주행 자동차일 거야.

미국 샌프란시스코의 로보 택시나

서울의 자율주행 버스는 몇 단계일까?

지금 자율주행 자동차의 단계는 한마디로

2단계에서 3단계로 넘어가는 과정에 있어.

4단계 자동차는 몇몇 지역에서

시범적으로 운행하는 수준이고!

2단계에서 3단계로 올라서려면

또 4단계 시범 운행이 성공하려면 무엇이 필요할까?

무엇보다도 **기술의 발전**이 필요해.

카메라, 라이다, 레이더와 같은 센서의 성능이 더 좋아지고 그 성능 좋은 센서를 저렴하게 생산해 낼 수 있어야 하지.

자율주행 인공지능 역시 마찬가지야.

센서로부터 받은 데이터를 더 빠르고 정확하게 해석하고 판단하고 차량을 제어할 수 있어야 해.

그러려면 **자율주행 자동차가 더 많이 달려야 해**.

자동차를 운전하다 보면 수많은 돌발 상황이 발생해.

사람들은 그 상황에 바로바로 대처할 수 있지.

하지만 인공지능은 그렇지 못해.

사람에게는 쉬운 일도 인공지능은 어려워해서 이럴 때는 이렇게 저럴 때는 저렇게 하라고 알려 줘야 하거든.

문제는 사람이 모든 걸 다 알려 줄 수 없다는 거야.

돌발 상황은 무한대에 가까우니까!

하지만 다행히도 과학자들이

인공지능이 스스로 학습하는 법을 개발했어.

이 학습법을 보통 **딥러닝**이라고 하지.

딥러닝은 인공지능에 데이터를 많이 주면
스스로 알아서 판단하는 학습법이야.
수백, 수천만 장의 동물 사진을 주면서
같은 동물끼리 분류하라는 명령을 내리면
인공지능이 스스로 동물들의 차이점을 알아내.
고양이는 고양이끼리, 강아지는 강아지끼리 묶을 수 있지.
이때 데이터가 많으면 많을수록 더 정확해져.

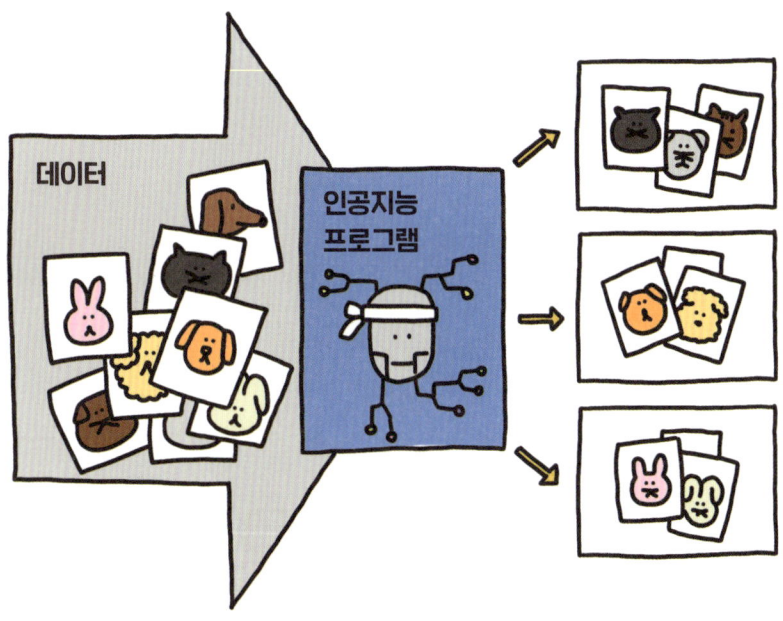

인공지능 딥러닝 과정의 예

이런 인공지능의 학습법 덕에

==자율주행 자동차도 달리면 달릴수록 똑똑해지는 거야.==

달릴수록 돌발 상황은 물론

운전에 필요한 더 많은 데이터를 얻을 수 있으니까.

더 나아가 자율주행 인공지능을 연구하는 과학자들은

자율주행 인공지능에 돌발 상황을 일부러 만들어 주기도 해.

운전하다 갑자기 도로로 달려드는 사람을 만나는 것과 같은

돌발 상황은 흔한 일이 아니야.

자율주행 자동차가 아무리 도로를 돌아다녀도

그런 일을 만나는 경우는 드물지.

상황이 드물게 일어나면 그만큼 데이터가 쌓일 수 없으니까

자율주행 인공지능이 학습할 수가 없어.

그래서 인공지능 과학자들은

현실 세계를 디지털 세계로

그대로 옮겨 놓은 **디지털 트윈**을 만들어.

디지털 트윈? 메타버스를 이루는 한 요소이자, 핵심 기술이잖아! 이게 자율주행에도 쓰이네!

그리고 그 속에서 자율주행 인공지능이

위험한 상황, 황당한 상황, 기막힌 상황 들을 접하게 해.

더 많은 데이터를 줄 수 있도록 시뮬레이션하는 거야.

이런 시뮬레이션을 많이 하면 할수록

자율주행 인공지능은 더 똑똑해질 거야.

그리고 그만큼 자율주행 자동차가

3단계, 4단계로 진화하는 속도도 빨라질 거야.

ⓒ Volvo

가상 주행 시뮬레이션하는 모습

자율주행 자동차에서 인공지능이 차지하는 비중이

얼마나 큰지 알겠지?

> Check it up 3 　산업

자율주행 자동차는 누가 만들까?

자율주행 자동차 개발에서

인공지능이 차지하는 비중이 크기 때문에

==자율주행 자동차==는 자동차를 개발하는 것이 아니라,

운전에 특화된 ==자율주행 인공지능을 개발하는 것==이라고도 해.

이는 자율주행 자동차 개발을 이끄는 기업들만 봐도 알 수 있어.

자율주행 자동차와 관련해서 최고의 기술력을 가진

회사로 꼽히는 곳 가운데 하나가 웨이모WAYMO야.

그런데 웨이모는 구글Google이 만든 회사야.

구글은 다들 자동차를 만드는 회사라기보다는

인터넷 포털 사이트, 인공지능으로 유명한 IT 기업으로 알고 있잖아.

중국의 바이두 Baidu 역시

자율주행 자동차 개발을 선도하는 기업으로 손꼽혀.

바이두는 2021년 11월부터 로보 택시를 운행했는데,

하루 평균 5,000회 이상 손님을 태우고 있어.

그런데 바이두 역시 자동차를 만드는 기업이 아니라

같은 이름의 포털 사이트를 운영하는 중국의 대표적인 IT 기업이야.

자율주행 자동차 개발을 이끄는 기업

기업	주력 사업 ( )안은 국가
웨이모 (구글)	인터넷 포털 사이트, 인공지능 (미국)
바이두	인터넷 포털 사이트, 인공지능 (중국)
크루즈 (GM)	자율주행 자동차 (미국)
모빌아이 (인텔)	카메라 센서 데이터 기반 자율주행 프로그램 (이스라엘)
모셔널 (현대차)	자율주행 자동차 (한국)
엔비디아	GPU 등 반도체, 인공지능 (미국)
오로라	자율주행 인공지능 (미국)
위라이드	자율주행 인공지능 (중국)
죽스 (아마존)	자율주행 자동차 (미국)

앞 페이지 표의 기업 가운데

GM과 현대자동차그룹만 자동차를 만드는 기업이야.

죽스는 직접 차량을 만들기도 하지만

모기업은 아마존이야.

인터넷 쇼핑과 클라우드 서비스를 하는 IT 기업이지.

그 외에는 자율주행 관련 인공지능 프로그램을 개발하는

기업들이야.

이런 기업들은 기존 자동차 회사들의 차량에

자신들이 개발한 자율주행 인공지능 프로그램을 장착해서

자율주행 자동차를 발전시키고 있어.

자율주행 자동차의 개발 주도권이

자율주행 인공지능을 개발하는 기업에 있는 거야.

현재의 자율주행 자동차 산업을 이끄는 기업들이

앞으로 그럴지는 알 수 없어.

하지만 자율주행 인공지능을 개발하는 기업들이

앞으로도 주도권을 가질 가능성이 커 보여.

자율주행을 잘하려면

자율주행 인공지능을 잘 학습시켜야 하고

그건 인공지능과 관련된 회사들이 잘할 수밖에 없으니까!

물론 자동차를 만들던 기업들이 이를 두고만 보지 않을 거야.

자동차를 만드는 기업은 세계적인 기업이 많아.

온 세상 사람들이 자동차를 타고 다니고,

자동차가 물류를 실어 나르지 않으면 세상이 멈추니까!

만약 자동차가 없으면?
자동차는 사람은 물론 음식, 생활필수품, 산업 현장에서
필요한 재료와 제품을 실어 나르는 운송 수단이야.
따라서 자동차가 없으면, 이런 제품들을 실어 나를 수 없기 때문에
마트에 물건이 없게 돼. 그러면 우리가 마트에 가서 물건을 살 수도 없어.
그럼 먹지 못할 테고……, 세상이 제대로 돌아갈 수가 없게 돼!

자동차를 만드는 기업들은

자율주행 자동차 시장의 주도권을 놓치지 않으려고 할 거야.

자체 기술을 개발하고,

막대한 자금을 동원해 좋은 기술을 사려고 하겠지!

그래도 변할 수 없는 게 있어.

바로 ==자동차 산업의 방향==이지.

앞으로 자동차는 전기나 수소 전지를 이용해 움직이는

방향으로 발전할 수밖에 없어.

그편이 에너지 효율이 훨씬 좋은 데다

지구온난화에 대처하기 위해서는 화석 연료 사용을 줄여야 하니까.

유럽 연합EU은 2035년부터 화석 연료 사용 자동차는

판매할 수 없도록 했어.

그래서 앞으로는 자동차에서

전기 전자 부품이 차지하는 비중이 70%가 될 거라고 해.

이쯤 되면 의문을 가질 수밖에 없어.

자동차는 기계 장치인가, 전자 제품인가? 하고 말이야.

자율주행 자동차가 본격적으로 도로 위를 달린다면 이런 의문에 보기가 하나 더 추가될 거야.

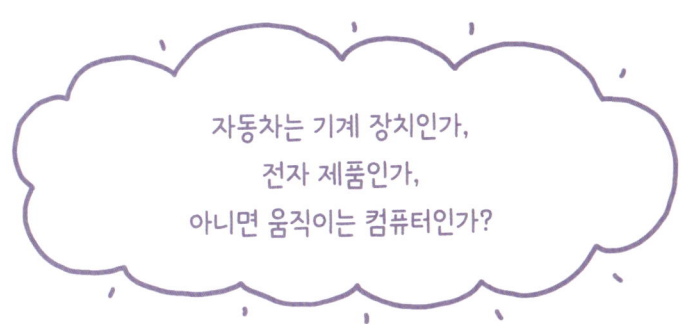

자동차는 기계 장치인가,
전자 제품인가,
아니면 움직이는 컴퓨터인가?

헐, 너무 어려운 질문인데…….

자율주행 자동차는 미래의 교통수단이야.
그런데 자율주행 자동차가 하늘을 난다면?
여기에서는 드론 택시, 에어 택시, 플라잉 카 등
다양한 이름으로 불리는 eVTOL
즉 전동 수직 이착륙기에 대해서 알아볼 거야.
또 eVTOL의 상용화에 필요한 기술과
제반 조건이 무엇인지 생각해 볼 거야.
더불어 지하 터널을 뚫고
자율주행 자동차를 다니게 하자는 주장도 들어볼 거야.

Level 2

하늘에서도, 땅속에서도 자율주행!

하늘을 나는 택시

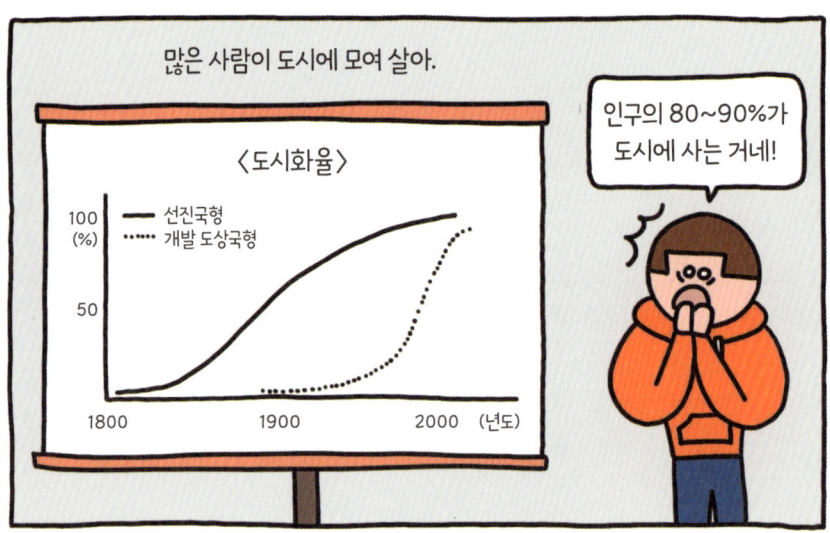

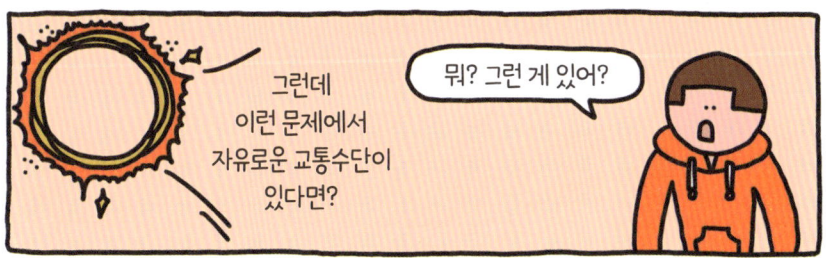

드론의 쓰임은 다양해.

각종 항공 촬영에 이용되고

농약을 뿌리는 등 농업에 이용되기도 해.

군대나 경찰에서는 정찰 등의 목적으로 사용해.

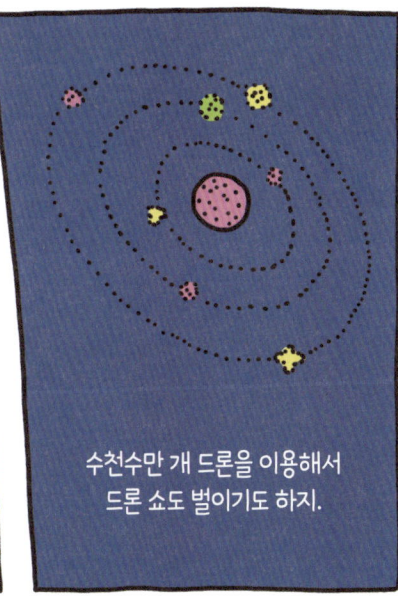

수천수만 개 드론을 이용해서 드론 쇼도 벌이기도 하지.

eVTOL이란, electric Vertical Take-Off and Landing이야.
우리말로는 전동 수직 이착륙기라고 해.

미래에는 드론 택시와 같은 eVTOL로
도시 내에서 혹은 가까운 도시와 도시 사이로 사람과 물자를 운송하려고 해.

Check it up 1 　상식

드론과 자율주행

드론 날려 봤어?

작은 드론은 어린이도 조이스틱 비슷한 컨트롤러로

조종할 수 있어.

하지만 2kg 이상으로 큰 드론은

자격증을 가진 조종사가 국가 기관의 허락을 받아야만 띄울 수 있어.

드론이 추락하기라도 하면 재산 피해는 물론

사람이 다치는 인명 피해도 발생할 수 있으니까.

또 드론이 하늘에 떠서 이것저것 촬영하다 보면

사람들의 사생활이나

국가의 중요 정보가 침해될 수도 있기 때문이야.

하지만 이런 제한이 예전보다 풀리고 있어.

<mark>드론을 이용한 배송</mark>을 하기 위해서야.

우리나라는 물론 미국, 중국, 유럽, 오스트레일리아 등
많은 나라에서 드론을 이용해 의약품이나 음식을 배송하고 있어.
하지만 대부분 시범적으로 정해진 곳에서만 시행됐지.
그런데 2024년, 세계 최고 매출을 자랑하는
미국의 유통기업 월마트가
미국 텍사스주, 댈러스-포트워스 지역의 75%에 달하는 주민에게
드론 배송 서비스를 할 거라고 발표했어.
대규모 인구를 대상으로 한 드론 배송 서비스가 시작된 거야.

ⓒ Wallmart

드론의 배송 방식
드론의 배송 방식은 여러 가지야. 집 앞마당에 사뿐히 내려앉기도 하지만
낙하산을 이용해 상품을 안전하게 떨구기도 하고, 줄을 이용해 상품을 내리기도 해.
소음을 줄이기 위해서래.

왜 드론으로 배송하려는 걸까? 답은 간단해!

빠르고 편리하기 때문이야.

드론은 서울에서 세종까지 30분 남짓한 시간에 배송할 수 있어.

게다가 비용도 절약할 수 있어.

배송은 대부분 사람의 몫이라 인건비가 들어.

그런데 드론으로 배송하면 인건비를 크게 줄일 수 있어.

배송 드론은 대부분 자율주행으로 움직이거든!

물론 아직은 사람이 실시간으로 관제하기는 해.

만일의 사태에 대비하는 거지.

그런데도 드론 배송 시장은 빠르게 성장하고 있어.

자율주행 드론이니 아무나 만들 수 없겠지?

하늘을 나는 항공 기기를 만드는 것도 어려운 일인데

자율주행 기능까지 탑재해야 하니 말이야.

그래서 드론 배송 업체들은 엄청난 기술력을 가지고 있어.

월마트가 이용하는 세계 최고의 드론 배송 기업,

집라인Zipline은 미국 실리콘밸리에서 탄생했고

2위인 윙은 구글의 모회사인 알파벳이 운영할 정도야.

그런데 드론으로 물품만 배송해야 해?

드론을 더 크게 만들어 사람을 태우면 안 되냐고!

그래서 만들어진 게 <mark>유인 드론</mark>이야.

사람이 타는 드론
독일의 볼로콥터Volocopter가 만든 유인 드론이야.
볼로콥터는 이 드론을 발판으로 에어 택시를 개발하고 있어.

드론 택시 혹은 에어 택시는 2016년 무렵부터 본격적으로 UAM Urban Air Mobility, 도심 항공 교통으로 개발되기 시작했어.

이즈음 eVTOL은 6개 모델 정도에 불과했는데 2021년에는 400여 개의 모델로 늘어났어.

5년 만에 UAM 시장이 크게 성장한 거야.

그리고 앞으로도 더 엄청나게 성장할 것으로 전망돼.

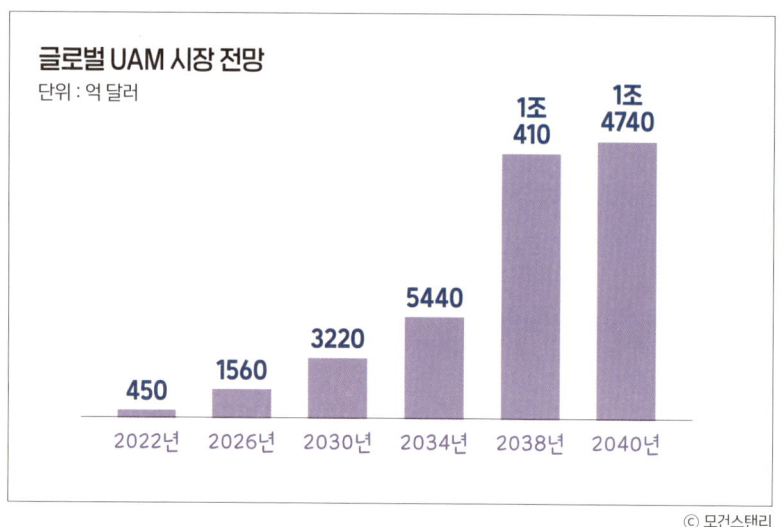

ⓒ 모건스탠리

왜냐고?

UAM이 발달하면 도시의 교통 문제를 해결할 수 있으니까!

UAM은 꽉 막힌 도로가 아니라 하늘로 날아.

자동차와는 비교할 수 없는 엄청난 속도로!
인천공항에서 서울 강남 도심까지 차로 갈 때
막히지 않으면 90분, 막히면 몇 시간이나 걸려.
하지만 UAM은 20분 정도 걸린다고 해.
환자를 신속하게 이송해야 하는 응급 상황에서
UAM은 더욱 진가를 발휘하겠지?

그래서 **많은 기업이 UAM 개발과 제작에 몰두**하고 있어.

여러 개의 프로펠러로 나는 드론
드론 택시는 한두 개의 프로펠러가 작동하지 않아도 안전에 문제가 없도록 여러 개의 프로펠러를 이용해 날아. 사진은 중국 드론회사인 이항Ehang이 개발한 2인용 드론 택시인데, 중국은 드론 시장의 70% 이상을 점유하고 있는 드론 강국이야. 그만큼 드론 택시 등 UAM 분야도 선도하고 있지.

ⓒ Hyundai dpa

CES에 등장한 드론 택시

우리나라의 기업들도 UAM에 관심이 많아.
사진은 2024년, CES(The International Consumer Electronics Show, 국제전자제품박람회)에서 현대자동차가 선보인 5인용 eVTOL이야.
이처럼 날개까지 달려 있으면 프로펠러만 달린 드론 형태의 eVTOL보다 안전하다고 해.
혹시 문제가 생기면 항공기처럼 활강해서 착륙할 수 있기 때문이야.

기업들뿐만 아니라, 세계 **각국도 UAM에 대한 관심이 커.**

교통 문제는 국가가 나서서 해결해야 할 사회적 문제니까.

또 UAM이라는 새로운 교통수단이

안전하고 효과적으로 운행될 수 있도록

여러 가지 준비와 제도적 장치도 고민해야 하지.

그래서 각 나라는 물론 지방 자치 단체들도
UAM이 상용화되는 데 필요한 연구는 물론
관련 법과 제도를 마련하고 있어.

어떤 이들은 어쩌면 자동차의 자율주행보다
UAM의 자율주행이 더 빨리 실현될 거라고 해.
도로에는 온갖 장애물이 있고,
언제 어디서 사람이나 차량이 튀어나올지 모르지만
하늘에서는 그렇지 않잖아?

> Check it up 2 | 기술

하늘을 자율주행으로
나는 데 필요한 것들

현재 계획하고 있는 드론 택시는

원칙적으로는 미리 정해진 항로를 따라 운행될 거야.

그래서 드론 간 충돌 가능성은 적지만,

복잡한 도심 내 빌딩 사이 틈에서 비행하거나

이착륙할 때 주변 물체와의 충돌 방지를 위해

자율주행과 유사한 기술들을 사용해야 해.

하지만 기술이 더 발전하면 드론 택시를 비롯한 ==eVTOL은
하늘에서 달리는 자율주행 자동차가 될 거야.==

따라서 적용되는 자율주행 기술은 거의 비슷할 수밖에 없어.

하지만 드론 택시 등 eVTOL에만 필요한 특별한 기술도 있어.

가장 먼저 eVTOL은 <mark>소음을 줄였어</mark>.

eVTOL은 내연 기관이 아닌 전기 모터를 사용해.

전기 모터는 내연 기관에 비해 소음이 적어.

그리고 전기 모터를 이용하면 기체의 무게를 줄일 수 있어.

내연 기관으로 만들 때보다 부품이 훨씬 적게 들어가거든.

기체의 무게가 줄면 프로펠러의 크기도 줄어들겠지?

프로펠러 크기가 줄면 그만큼 소음도 줄어들고!

이런 기술로 eVTOL은 헬리콥터보다 100배 조용하게 날아다녀.

기종에 따라 다르지만 성능 좋은 eVTOL은

사람이 대화하는 정도의 작은 소리만 발생시키지.

헉, 나보다 조용해지는 거 아냐?

그런데 이런 의문 들지 않았어?

eVTOL은 왜 도시 내에서만 이용할까?

비행기처럼 멀리 떨어진 도시,

더 나아가 다른 나라까지 가면 좋을 텐데…….

그건 '==배터리=='' 때문이야.

전기자동차와 마찬가지로, eVTOL도 배터리로 움직여.

처음 전기자동차가 등장했을 때

큰 문제 중 하나가 '충전'이었어.

충전하는 데 시간이 너무 오래 걸렸지.

또 그렇게 충전해도 갈 수 있는 거리가 얼마 안 됐어.

게다가 날씨가 추워지기라도 하면 배터리의 성능이 크게 떨어졌고.

하지만 요즘은 몇십 분 충전만으로 겨울에도 문제없이

서울에서 부산까지 갈 수 있어.

내연 기관 자동차들이 연료를 가득 채운 뒤 달릴 수 있는 거리와

거의 비슷하게 달릴 수 있는 거야.

그런데 ==eVTOL==은 전기자동차에 비해
==더 작고 더 성능 좋은 배터리가 필요==해!

eVTOL이 하늘을 날아오를 때 순간적으로 많은 힘이 필요하거든.
그래서 배터리의 용량이 커야 해.
그런데 용량이 커지면 배터리가 커지고 무거워져.
하늘을 날아야 하는 eVTOL에 크고 무거운 배터리를 달면
기체는 그만큼 더 무거워질 수밖에 없어!
기체가 무거워지면 배터리 용량은 더 커져야겠지?

그래서 eVTOL 연구자들은
작고 가벼우면서 큰 에너지를 낼 수 있는
배터리를 만드는 데도 힘쓰고 있어.
현재 한 번 충전해서 시속 100~300킬로미터로
30분 정도 운행할 수 있는 eVTOL을 만들고 있어.
도심 내에서 쓰기는 충분하겠지?
하지만 앞으로 기술이 더 발달하면
가까운 도시와 도시를 운행하는 eVTOL도 개발될 거야.
<mark>지역 항공 교통RAM</mark>으로 나아가는 거지.
또 택시가 아니라 버스 형태의 몸집이 큰 eVTOL이 개발될지도 몰라.

ⓒjobyaviation

뉴욕의 에어 택시
조비 에비에이션jobyaviation의 에어 택시가 뉴욕 상공을 날고 있어. 조비 에비에이션은 eVTOL 분야 최고 기술을 갖고 있는 미국 기업으로 하늘을 나는 테슬라라고 불러.

그런데 eVTOL이 운행되려면

eVTOL을 잘 만들어야 할 뿐만 아니라

eVTOL을 사용할 수 있는 인프라도 구축해야 해.

자동차가 달리려면 도로가 필요하고

인터넷을 이용하려면 통신망이 깔려야 하잖아?

이런 도로와 통신망은 사회 구성원 대다수가 함께 사용하지.

이런 시설들을 인프라라고 해.

인프라는 국가와 사회가 함께 조성하지.

eVTOL 운행에 필요한 대표적 인프라로는

버티포트Vertiport가 있어.

버티포트는 eVTOL이 뜨고 내리는 장소야.

eVTOL의 승강장, 정류장이라고 할 수 있지.

아무리 eVTOL을 잘 만들어도

도심에 버티포트가 마련되어 있지 않으면

eVTOL은 제 기능을 할 수 없어.

그러네. 타고 내릴 데가 없으면
eVTOL를 이용할 수가 없지!

버티포트는 어디에 만들면 좋을까?

일단 공항과 연계되도록 만들어야 해.

도시 내에서 이용하는 UAM을 다른 도시로 연결해야 하니까.

같은 이유로 철도역이나 고속버스 터미널과도 연계되기 쉽게 만들면 좋겠지?

헬리콥터가 뜨고 내릴 정도의 큰 빌딩 옥상을 이용할 수도 있어.

큰 빌딩이 있는 곳은 오가는 사람이 많으니 버티포트를 만들어 놓으면 좋겠지?

그밖에 공원 등 넓은 공간에도 버티포트를 만들 수 있어.

ⓒ 현대건설

다양한 곳에 건설될 버티포트
우리나라의 한 건설 업체에서 제시한 다양한 버티포트 조감도야.
버티포트는 공항이나 터미널 등과 연계하게 만들 수도 있고, 개활지나 빌딩 옥상에 만들 수도 있어.

그런데 버티포트는 승강장 역할만 하는 게 아니야.

eVTOL에 이착륙 명령을 내리는 일,

돌아온 eVTOL을 충전, 정비, 보관하는 일까지 해야 해.

eVTOL끼리 혹은 eVTOL과 다른 교통수단이

주고받아야 할 무선통신 시스템도 관리해야 하고.

==버티포트는 승강장 기능과 동시에==

==관제의 기능==도 할 수 있어야 하는 거야.

이처럼 eVTOL이 상용화되려면

기술적 준비뿐만 아니라 인프라도 마련되어야 해.

그래서 eVTOL을 개인용이 아닌

드론 택시와 같은 공공 교통수단으로 먼저 개발하는 거야.

아무리 돈 많은 사람이라도

곳곳에 개인용 버티포트를 만들 수는 없을 테니까.

Check it up 3 | 인물

땅속에서도 자율주행을?

국제전자제품박람회CES는 세계에서 가장 영향력 있는
정보 통신 기술 분야의 전시회야.
이 전시회에 출품된 제품들로
현재 기술의 수준과 미래 기술의 발전 방향을 알 수 있거든.
CES는 해마다 1월 미국의 라스베이거스에서 열리는데
2022년, 사람들의 이목을 집중시키는 명물이 등장했어.
LVCC 루프 Las Vegas Convention Center Loop야.
LVCC 루프는 라스베이거스 컨벤션 센터의
주요 장소를 연결하는 2개의 지하 터널로 이루어져 있어.
이 터널에는 자동차가 달리지!

ⓒ The Boring Company

땅속을 달리는 전기 자동차
LVCC 중앙역에서 관광객들이 테슬라의 전기자동차를 이용하고 있어.

LVCC 루프를 건설한 회사는 보링 컴퍼니 The Boring Company야.

그리고 이 회사를 만든 사람은 바로

전기자동차와 자율주행 자동차 개발에 열을 올리고 있는

테슬라의 창업주 일론 머스크 Elon Musk, 1971년~야!

일론 머스크?
이분은 안 나오는 데가
없어!

일론 머스크는 LVCC 루프에 테슬라의 자율주행 자동차를 운행하려고 했지만 관계 기관의 허락을 받지 못했어. 2024년, CES에서도 LVCC 루프에 자율주행차가 아닌 테슬라의 전기자동차를 운행할 수밖에 없었지. 그래도 LVCC 루프를 체험한 사람들은 아주 만족스러워했어. 지상으로 갔으면 약 20분 정도 걸어야 하는 거리를 단 1~2분 만에 갈 수 있었으니까.

일론 머스크는 이런 루프를 미국의 대도시 곳곳에 뚫어서 교통 혼잡을 해결하자고 주장하고 있어. 이를 위해 터널을 뚫는 굴착기 TBM Tunnel Boring Machine을 독자적으로 개발했지.

ⓒ The Boring Company

터널 뚫는 굴착기 TBM

TBM은 나무 파먹는 벌레에서 영감을 얻어 개발했다고 해. 맨 앞에 칼이 있어서 땅을 파고들어. 땅속으로만 파고 들어가 작업을 하기 때문에 TBM을 사용하면 지상에 영향 없이 터널 공사를 할 수 있다고 해. 영국과 프랑스를 잇는 해저 터널도 TBM을 이용해 건설했어.

일론 머스크는 자기가 살던 LA의 교통 체증이 심각해서
그 문제를 해결할 방법으로
지하에 터널을 뚫고 그 터널에 자율주행 하이퍼루프를
운행하면 어떨지 생각했어.
하이퍼루프란 튜브와 같은 터널 속에서
공기압의 압력 차이를 이용해 빠르게 달리는 고속열차야.
일론 머스크의 원래 계획은 하이퍼루프 내에서
캡슐에 자동차를 싣고 전송하는 것이었어.

그런데 이젠 자율주행 자동차를 달리게 하자는 거야.
터널을 뚫으면서 자율주행에 필요한 정밀 지도를 만들고
그 터널을 자율주행 자동차가 운행하면 어떨까?
터널 안이라 기상 변화가 없어 항상 일정한 환경일 거야.
생각지 못한 장애물이나 사람이 튀어나올 일도 없지.
또 자율주행 자동차만 운행하게 하면
자율주행 인공지능끼리 충분히 통신하면서 운행할 테니
사람이 운전하는 차로 인한 돌발 상황이 생기지 않아서 좋고.
땅속에서도 자율주행! 어떻게 생각해?

일론 머스크가 지하의 하이퍼루프 이야기를 하자

상상이 너무 지나친 것 아니냐며

처음에는 비웃는 사람도 있었어.

하지만 그 뒤로 자율주행 자동차에 관한 연구와 개발이 진행되면서

지하에 터널을 뚫고

자율주행 자동차만 다닐 수 있게 하면 좋겠다는 의견이

속속 등장하고 있어.

서울의 도시 문제를 연구하는 서울연구원은

미래 도시 교통 관리 방향으로

'자율주행 자동차 전용 지하도'를 검토하기도 했어.

유현준1969년~과 같은 도시건축가는

자율주행 자동차만 다니는 터널을 만들고

모든 화물을 그 터널을 통해 운반하면 좋겠다고 제안했어.

도로를 달리는 자동차 가운데 30%는 화물을 운반하는데

그만큼의 차량이 지하 터널로 오가게 되면,

도시에 도로가 줄어들어서

공원과 같은 녹지 공간을 넓힐 수 있다는 거야.

이처럼 자율주행은

==땅에서는 자율주행 자동차,==

==하늘에는 드론 택시 등의 eVTOL,==

==땅속에는 자율주행 자동차 전용 도로== 등으로 다양하게

연구되고 있어.

이렇게 하늘과 지상, 땅속 모두에서 자율주행이 이뤄지면

주로 지상에서 좌우 2차원적으로 이동하던

사람과 물류의 이동 방향이

하늘과 땅, 그리고 땅속을 상하로 움직이는

3차원적 이동으로 나아가게 될 거야.

몇 년 전만 해도 자율주행은 3년 안에 혹은 5년 안에
현실이 될 거로 생각했어.
기업들은 당장이라도 자율주행 자동차를
시장에 내놓을 것처럼 얘기했지.
하지만 그 계획은 계속 미뤄졌어!
그러자 "자율주행이 진짜 가능하기는 해?"라고
질문하는 사람들까지 등장했지.
자율주행, 왜 뜻대로 이뤄지지 않는 걸까?
그 까닭을 알아보고 어떻게 하면 그 문제를
해결할 수 있을까 생각해 보자고.

Level 3

자율주행? 쉽지 않을걸!

이렇게 어려울 줄이야……

자율주행 자동차가 일으킨 사고는 이것만이 아니었어.
경미한 사고부터 사망 사고까지 잊을 만하면 일어났지.

자율주행 자동차가 갑자기 멈춰 소방차의 출동이 지연된 적도 있고.

자율주행 자동차가 모래주머니를 피하려다 버스와 부딪히기도 했어.

달리던 자율주행 자동차가 갑자기 멈추는 바람에 8중 추돌 사고도 났지.

자율주행 택시가 사람을 치기도 했고.

문제를 해결하려 했지만 생각보다 쉽지 않았고,
자율주행 자동차를 개발하는 기업이나 연구자들은 크게 위축됐어.

서비스 로봇이나 승객 셔틀 등 로봇 분야 사업으로 눈을 돌리거나
기존의 자율주행 시스템의 성능을 높이는 데만 주력하기도 했지.

맞는 말이야. 그런데 자동차를 운행하는 환경은 셀 수 없이 다양해.

변화무쌍한 날씨에 벌어질 수 있는 상황까지 더하면 한도 끝도 없지!

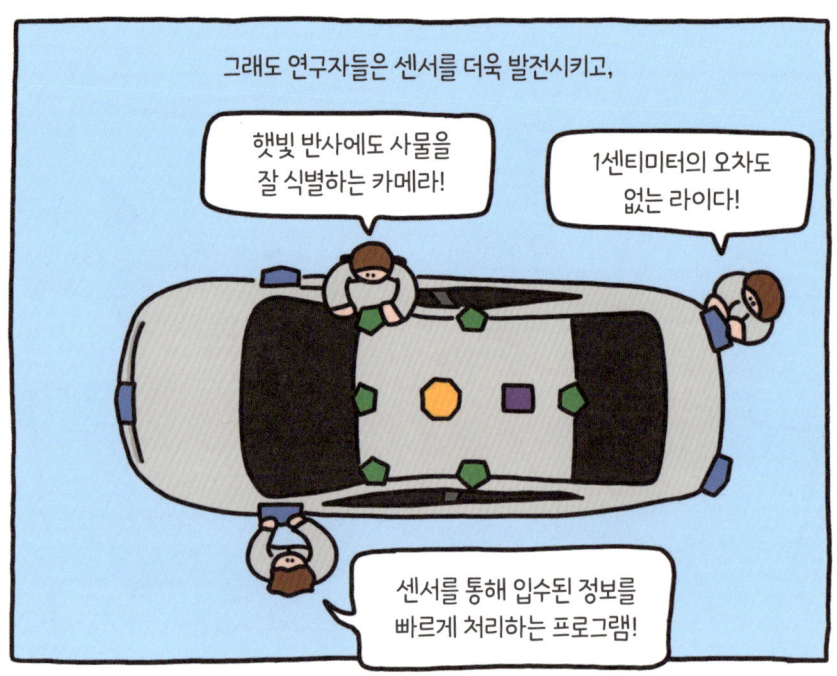

자율주행 자동차를 운행하면서 상황을 계속 수집해서
그 데이터로 자율주행 자동차를 계속 학습시키고 있어.

> Check it up 1 윤리

어떤 선택이 올바를까?

트롤리 딜레마 Trolley dilemma라고 들어 봤어?
트롤리 문제, 혹은 광차 문제라고도 하지.
트롤리는 탄광에서 쓰는 수레를 말하는데
우리말로 광차라고도 해.
딜레마란 몇 가지 가운데 하나를 선택해야 하는데
무엇을 선택해도 곤란한 상황이 되어
판단하지 못하는 때를 말하고.
이 문제는 20세기 초부터 윤리학자들이 제시했는데
대중들에게는 하버드대학교 마이클 샌델 교수의
《정의란 무엇인가》라는 책으로 더 유명해졌어.

어떤 문제인지 살펴볼까?

제동 장치가 망가진 기차가 선로 A 위를 달리고 있어.
그런데 선로 A에는 5명의 사람이 있는 거야!
그래서 선로 B로 바꾸려는데, 선로 B에는 1명이 서 있네!
B로 바꾸면 그 1명이 죽게 돼.

선로를 바꿀 수 있는
분기기 스위치 앞에
네가 서 있다면……
어떻게 할래?

어떻게 해야 할까?

그냥 가야 할까? 선로를 바꿔야 할까?

이 문제를 접하면

많은 사람이 선로를 바꾸겠다고 대답한다고 해.

더 많은 사람의 목숨을 구할 수 있으니까.

하지만 그게 정답이라고 할 수 있을까?

5명의 목숨은 소중하고, 1명의 목숨은 덜 소중해?

게다가 질문을 살짝 바꿨더니 사람들의 대답은 달라졌어.

5명은 다 모르는 사람이고,

1명은 네 가족이라면 어떻게 할래?라고 물었더니

1명 즉 내 가족을 살리겠다는 대답이 많았던 거야.

생명은 모두 소중하지만

개개인에게는 모르는 사람의 목숨보다

내 가족의 목숨이 더 중요하게 느껴질 수밖에 없는 거지.

결국 이 문제를 접한 많은 사람은

이런 딜레마에 빠지지 않기를 바라고,

또 현실적으로 이런 상황에 부딪힐 확률이 아주 적다는 데

안심했어.

그런데 이 문제가 다시 중요하게 대두됐어.

바로 자율주행 자동차를 만들면서지.

자율주행 자동차에게

모든 상황에 어떻게 대처할지 가르쳐야 하니까!

트롤리 문제를 자율주행 자동차의 상황으로 바꿔 질문한 거야.

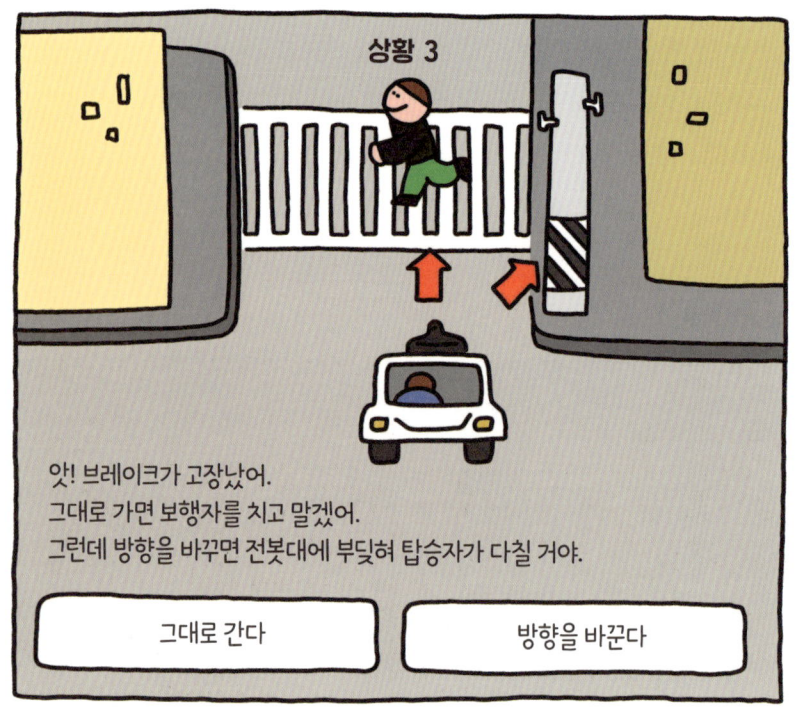

대부분의 사람은 모든 상황에서 '방향을 바꾼다.'를 선택했어.

누군가 희생될 수밖에 없는 상황이라면,

여러 사람의 목숨을, 어른보다는 아이의 목숨을

살리는 선택을 한 거야.

탑승자와 보행자 가운데는 보행자를 선택했지.

상황 3과 같은 문제가 일어난 책임이

보행자보다 탑승자에게 더 많다고 판단한 거야.

자율주행 자동차를 만드는 사람들은 물론 대중들도
그 선택이 합리적이라고 봤어.
그래서 자율주행 자동차도 그 선택을 따라 가르치려 했지.

그런데 문제가 발생했어.
사람들은 상황 3에서
탑승자보다 보행자를 보호해야 한다고 답했다고 했지?
그런데 많은 소비자가 탑승자보다 보행자를 더 보호하는
자율주행 자동차라면 사지 않겠다고 답한 거야.
탑승자가 남이 아닌 내가 된다고 생각하니까
나보다 남을 더 보호하는 차를 사고 싶지 않았던 거지.
그러니 어떻게 대중들의 선택과 판단에 근거해서
자율주행 자동차를 만들 수 있겠어?

이런 문제는 결국
"과연 자율주행 자동차를 학습시킬 수 있을까?" 하는
의문으로 이어졌어. 그리고 이 의문은
"자율주행 자동차를 믿고 탈 수 있나?" 하는
자율주행 자동차에 대한 불안과 불신감을 키웠지.

자율주행 자동차의 기술이 아무리 발전해도

이 문제를 해결하지 못하면

자율주행 자동차의 시대가 오기는 힘들 수밖에 없어.

불안하고 믿을 수 없는 자동차를 어떻게 타겠어?

그렇다면 이 문제는 어떻게 해결해야 할까?

==자율주행 자동차에게 모든 상황에 대해==

==어떻게 판단하고 운행하라고 답을 줄 수는 없어.==

답이 없는데 어떻게 답을 주겠어!

이런 문제를 해결할 방법은

==딜레마 상황이 생기지 않도록 하는 것이 최선==이 아닐까 싶어.

브레이크가 고장이 나지 않게 만들면 되는 거잖아!

앞의 상황을 더욱 빠르게 예측할 수 있다면

브레이크가 고장이 나더라도 다른 해결 방법을 찾을 수 있지 않을까?

이렇게 보면 결국 딜레마 문제도

기술에 답이 있다는 생각이 드네!

Check it up 2 　법과 제도

누구의 잘못인가!

앞에서 자율주행의 단계를 이야기했어. 기억해?

여기서 잠깐, 자율주행의 단계를 다시 한번 짚고 넘어가자.

자율주행 5단계

1단계에서 2단계로 넘어가는 건 자연스러웠어.

방향이나 속도 둘 중 하나만 제어할 수 있다가

둘 다를 제어할 수 있게 되었으니,

기술의 발전에 따라 문제없이 나아간 거야.

그런데 2단계에서 3단계로 나아가려면

기술 이외에 해결해야 할 문제가 있어.

1, 2단계에서는 자율주행으로 운행할 때도

운전자는 핸들을 놓아서는 안 돼!

이에 반해 3단계에서는 운전자가 핸들을 놓아도 돼.

자동차가 운전자에게 개입을 요청하지 않은 한!

운전자가 핸들을 놓을 수 없다는 건

'운전의 책임이 온전히 운전자에게 있다'는 의미야.

반대로 운전자가 핸들을 놓아도 된다는 건

'운전의 책임이 운전자에게 없다'는 뜻이고.

3단계에서 운전자가 핸들을 놓아도 된다는 건

'적어도 핸들을 놓고 있는 동안의 운전 책임이

운전자에게 없다'는 뜻이지.

그러면 그동안의 책임은 누구에게 있냐고?

누구긴 자율주행 자동차지!

운전을 한 건 사람이 아니라 자동차니까.

2단계까지는 사고 책임이 모두 운전자에게 있었는데, 3단계부터 자동차에도 있을 수 있는 거네!

따라서 3단계 자율주행 자동차부터는

==자율주행 중 사고를 냈거나 당했을 때의 책임을==

==자동차를 만든 기업이나 프로그램에 물을 수 있어.==

그래서 자율주행 자동차를 만드는 기업이나

자율주행 인공지능을 만드는 프로그래머들은

2단계 자율주행 자동차만큼 자신만만하게

3단계 자율주행 자동차를 시장에 내놓을 수 없었어.

자율주행 운행을 하다 사고가 났다고 생각해 봐.

때에 따라 막대한 피해 보상을 해야 할 수도 있어.

어디 피해 보상뿐이야?

인명 사고가 나면 형사적인 처벌까지 받을 수도 있어.

소비자들과 분쟁이 일어날 소지도 커.

운전의 책임이 때로는 자동차에, 또 때로는 운전자에게 있으니

사고가 난 당시 누구에게 책임이 있었는지

책임 소재를 따져야 할 상황이 일어날 수 있으니까.

기업이나 프로그래머 입장에서 기술을 발전시켜야 하는 것 외에

따져 봐야 할 것들이 너무나 많은 거야!

이런 것들은 자율주행 자동차 제조 기업이나 자율주행 자동차 프로그램을 만드는 연구자들끼리만 머리를 맞댄다고 해결할 수 있는 문제가 아니야.

==법적, 제도적으로 결정하고 풀어야 할 숙제==지.

자율주행 자동차 제작과 운행 관련 문제들

- 단계별 자율주행 자동차가 갖춰야 할 조건은 무엇인지 운행할 수 있는 지역 혹은 도로는 어디인지
- 자율주행 자동차를 만드는 기업과 연구자들의 책임과 의무, 권리는 무엇인지

자율주행 자동차 사고 관련 문제들

- 상황에 따른 운전자와 제조사, 프로그램 개발자의 책임 소재와 범위
- 사고가 났을 때 사고 조사를 누가 어떻게 할지, 어느 정도의 권한을 갖고 진행할지
- 보험은 어떻게 적용할지

자율주행 자동차 운전자 관련 문제들

- 자율주행 자동차 운전면허 취득 조건
- 자율주행 자동차 운전자의 권리와 의무
- 자율주행 자동차 운전자 교육

각 나라는 벌써부터 이런 문제에 대한
법률을 만들고 관련 법을 개정하고 있어.
몇몇 나라의 예를 살펴볼까?
자동차 선진국 독일의 경우
3단계 자율주행 자동차와 관련한 법을 2017년에 개정했어.
운전자의 전방 주시, 차량 제어 책임을 축소하기는 했지만
자동차가 운전자에게 제어권을 넘겼을 때 사고 책임은
운전자에게 있음을 분명히 했지.
2021년에는 4단계 자율주행에 대비해 법을 또 개정했어.
일본은 2019년 개정법에서 3단계 자율주행 내용을 다뤘는데
자율주행 시스템 제작 기준을 강화한 게 특징이야.
영국은 자율주행 사고 시 운전자보다
보험회사, 제조사의 책임을 크게 묻고 있어.
사고가 났을 때 법률상 책임은 운전자에게 있지만
실제로 대부분 책임을 보험회사가 부담하도록 법을 개정했어.
우리나라는 2020년부터 자동차 손해배상 보장법을 개정해서
자율주행 자동차도 일반 자동차와 동일한 보험을 들 수 있도록 했어.

이렇게 법적, 제도적 장치가 마련되면

자율주행 자동차를 만드는 기업이나

자율주행 자동차를 개발하는 연구자들은 물론

자율주행 자동차를 타는 소비자들까지

모두 안심하고 자율주행 자동차를 이용할 수 있을 거야.

내가 무엇을 해야 하고 하지 말아야 하는지

또 내가 어떤 권리를 주장할 수 있고

어떤 책임을 다해야 하는지 제대로 알 수 있으니까.

이런 상황이라면 혹시 사고가 나더라도 덜 불안하겠지?

정확히 나의 과실만큼만 책임지면 되고,

내 과실에 대해 책임지는 건 너무나도 당연한 일이니까.

Check it up 3 사회

합의가 필요해!

아래 뉴스는 뭔가에 반대하는 시위를 하는 모습이야.

어떤 시위일까?

맞아! 2023년, 미국 샌프란시스코에서 웨이모와 크루즈의 로보 택시가 24시간 운행할 수 있게 되자 이에 반대하는 시위자들의 모습이야.

로보 택시가 운행되자,
일부 사람들이 로보 택시에서 눈살을 찌푸릴 행위를 했어.
운전자가 없어도 로보 택시는 공공장소야.
공공장소에서는 하지 말아야 할 행동들이 있잖아?
하지만 완전히 밀폐된 공간이라서 비밀이 보장되지.
범죄 행위가 일어나도 밖에서는 잘 알 수가 없는 거야.
또 운행하던 로보 택시가 교차로에서 갑자기 멈추기도 했어.
근처에서 벌어진 축제로 이동통신망에 장애가 발생했거든.
이에 따라 주변 도로가 교통 체증으로 난리가 났대.
시위자들은 '그때 화재나 응급환자가 생겨
소방차나 응급차가 출동하는 상황이었다면 어땠을까?' 하고
생각만 해도 등골이 오싹하다고 했어.
더 나아가 이렇게 안전하지 않은 자율주행차를
왜 하필 자기들이 사는 곳에서 실험 운행하냐고 항의했지.

이런 일이 거듭되자 어떤 이들은

자율주행 자동차는 정부의 규제나 시민 사회의 감시가

상대적으로 덜한 나라에서 먼저 발전할 걸로 전망하기도 했어.

그럼 이런 문제에 대해

자율주행 자동차 연구 개발에 종사하는 사람들은 뭐라고 답할까?

==자율주행은 사람을 살리는 기술==이라고 설명하고 있어.

아래와 같은 자료를 근거로 들면서 말이야.

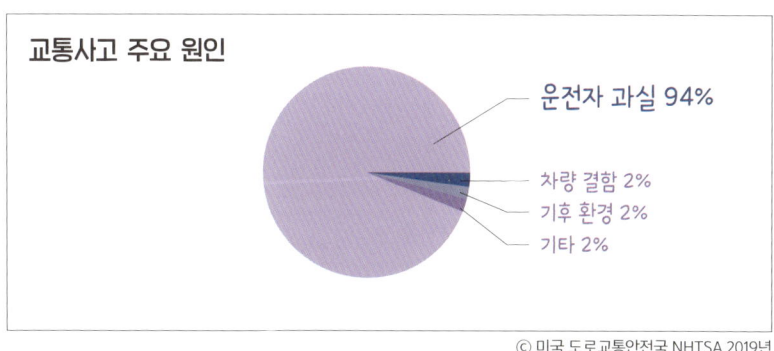

앞의 그래프에서도 보았듯이

대부분의 교통사고는 운전자의 과실 때문에 일어나.

음주 운전이나 졸음 운전으로,

과속으로, 혹은 무리한 차선 변경이나 끼어들기로!

또 앞을 제대로 보고 운전해야 하는데

휴대전화 같은 기기를 조작하거나, 딴 데를 보거나 하다가

크고 작은 사고가 일어나는 거지.

그런데 자율주행 자동차는 술을 마시지 않고 졸지도 않아.

휴대전화 같은 기기 조작을 할 필요도 없고

운행할 때는 운행만 해.

규정 속도를 넘는 속도를 내는 법도 없고

차선은 미리미리 변경하고 무리하게 끼어들지도 않아.

아니 못해! 그렇게 못하게 프로그램되어 있거든!

이렇게 본다면, 사람이 운전하는 것과

자율주행 자동차가 운전하는 것 가운데

어느 쪽이 더 안전하게 운전할까?

이를 뒷받침하는 연구 결과도 있었어.

자동차 회사 GM제너럴모터스과

미국 미시간대학교와 버지니아공과대학교 교통연구소가

공동으로 진행한 연구 결과야.

GM은 자율주행 기능이 없는 차량으로

메이븐Maven이란 카쉐어링 서비스를 하고 있어.

카쉐어링이란 하나의 차를 불특정 다수의 여러 사람이

시간 단위로 빌려 쓰는 거야.

GM은 또 샌프란시스코에서 로보 택시 크루즈를 서비스해.

연구진은 메이븐과 크루즈의 운행 데이터와 사고 기록을 비교했어.

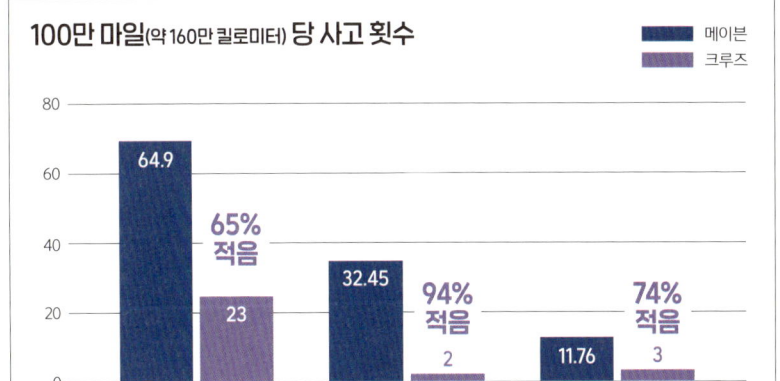

100만 마일당 메이븐은 65회 정도 사고가 난 반면,

크루즈는 23회 사고가 났어.

자율주행 자동차가 약 65% 정도 사고에 덜 노출되는 거야.

메이븐의 과실로 인한 사고는 32회 정도였는데

크루즈의 과실로 인한 사고는 2회에 불과했어.

인간 운전자보다 자율주행이 운전을 훨씬 잘한다고 볼 수 있겠지?

부상 위험이 큰 사고 역시 메이븐은 12회 정도였지만,

크루즈는 3회에 불과했지.

모든 면에서 자율주행 자동차가 더 안전한 거야!

그럼에도 자율주행 자동차가 사고를 많이 내는 것 같고,

큰 사고를 내 사람을 다치게 하는 것 같은 건

뉴스에 나오기 때문이야.

사람이 운전하다 사고가 나면 뉴스가 안 되지만,

자율주행 자동차가 사고를 내면 뉴스가 되잖아!

사람이 내는 사고는 계속 있었지만,

자율주행 자동차의 사고는 그야말로 새로운 것

NEWS니까!

게다가 ==새로운 기술을 받아들일 때는 신중==한 법이야.

한 건의 사고만 발생해도 기술을 의심하고 안전을 걱정하지.

그래서 자율주행 자동차와 관련된 사고가

일반 자동차 사고보다 더 크고 불안하게 느껴지는 거야.

자율주행 자동차에 대한 반대 여론이 형성되는 건

자율주행 자동차의 안정성 문제가 전부는 아니야.

대표적인 게 ==일자리 문제==가 있어.

자율주행 자동차가 본격적으로 운행을 하면

사라지는 일자리가 생길 거야.

택시나 버스 운전, 대리 운전 등이 대표적이지.

트럭이나 택배 관련 일자리도 줄어들 거야.

자율주행 트럭도 등장할 테니까.

==사생활 문제==도 있어.

자율주행 자동차를 이용하면 내가 언제 어디에 갔는지

고스란히 기록에 남아. 그 기록이 노출된다면?

==보안 문제==도 심각할 수 있어.

자율주행 프로그램이 해킹 당하면 사고를 일으킬 수 있으니까.

더 나아가 자율주행 자동차를 해킹해 무기처럼 쓸 수도 있어!

하지만 이런 문제들은

자율주행 자동차로만 일어나는 문제가 아니야!

일자리 문제는 인공지능, 로봇 등의 등장으로

특정한 분야뿐만 아니라 모든 사람이 걱정해야 할 문제가 됐어.

사생활 문제나 보안 문제 역시

언제 어디서나 인터넷을 이용하고

유무선 통신에 노출되어 있는 상황에서 늘 제기되는 문제지.

따라서 이런 문제들은 자율주행 자동차 사용을 반대하거나

막는다고 해서 해결될 문제가 아니야.

더욱 폭넓은 관점에서, 더욱 많은 사람이

해결점과 합의점을 찾아가야 할 거야.

지금까지 자율주행 자동차의 문제점만 얘기했으니,
자율주행 자동차의 좋은 점 하나만 얘기하고 넘어갈까?
앞에서 본 샌프란시스코 시위자들과 반대편에 서서
자율주행 자동차 운행에 찬성하는 사람들도 있었어.
대표적인 사람들이 장애인들이었어.
장애인들은 대중교통 수단을 이용할 때
간혹 탑승을 꺼리는 기사들 때문에 불쾌할 때가 있다고 해.
하지만 자율주행 택시는 그런 불쾌감을 주지 않아.
자율주행 택시에게는 장애인이든 비장애인이든
그저 똑같은 승객이니까!

자율주행 자동차를 만드는 건
엄청난 기술이 필요해.
자율주행 자동차 상용화를 위해서는
사회적으로도 많은 준비가 필요하고.
그래도 자율주행 자동차는 한 걸음씩 우리에게 가까워지고 있어.
그리고 기술의 역사에서 보면
자율주행 자동차는 눈 깜짝할 사이 대세 교통수단이 될 수 있어.
왜 그럴 수밖에 없는지 알아보고,
이렇게 되면 세상이 어떻게 달라질지
자율주행 시대를 미리 그려 보자.

NEXT LEVEL

자율주행 자동차 때문에!

세상에서 가장 비효율적인 발명품

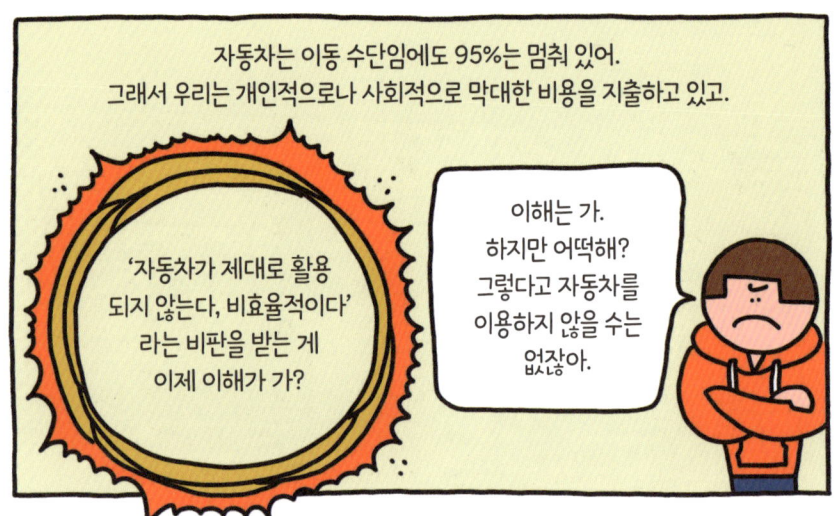

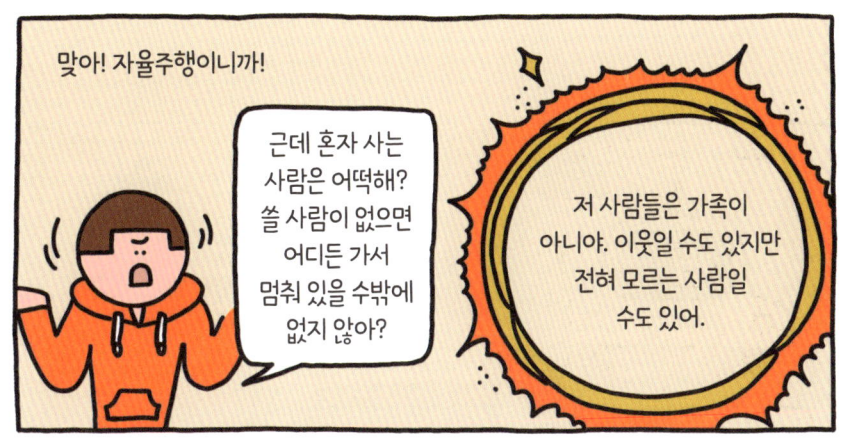

자율주행 자동차가 필요한 사람에게 알아서 달려가는 거야.

Check it up 1 자동차

자동차의 변신

2050년, 자율주행 자동차가 상용화된 세상이야.

지금 시각 8시 50분, 9시까지 학교에 가야 하는데…….

정우는 느긋하게 밥을 먹고 있어.

학교까지 걸으면 10분이 걸리지만

자율주행 로보 택시로는 2분이면 가거든!

정우는 엄마·아빠가 출근하자마자

8시 55분 정확하게 집 앞에 도착해서

8시 57분 확실하게 학교 앞에 내려줄 로보 택시를 호출했지.

"4분 30초 뒤에 나가도 돼!

가방 들고 나가는 데는 30초면 충분하니까!"

정우가 타는 로보 택시는 어떤 모습일까?

먼저 차량 내부부터!

무엇보다 ==운전석이 없을 거야.==

운전에 필요한 기능들,

즉 핸들과 브레이크, 엑셀러레이터, 백미러도 없겠지?

ⓒ volvo

자율주행의 발달과 자동차 디자인의 변화
자동차를 만드는 기업들은 자율주행 시대에 맞는 자동차 디자인에도 심혈을 기울이고 있어. 사진은 자동차 회사 볼보의 차량 내부 디자인이야. 이 디자인대로 자동차가 만들어지면 자동차 안에서 잠을 잘 수도, 쉴 수도, 또 공부나 업무도 할 수 있을 거야.

차를 타는 동안 운전을 하지 않아도 되니

사람들은 차 안에서 그저 앉아 쉬거나 잘 수 있어.

탑승 시간이 길다면 영화를 보거나 게임을 하면서 갈 수도 있어.

이럴 때는 테이블이 있으면 좋아.

태블릿, 노트북과 같은 기기를 사용하기 편하니까.

그런데 영화든 게임이든

큰 화면으로 보면 더 재미있고 실감 나잖아!

이를 위해서는 차 앞이나 뒷유리를 이용할 수 있어.

스크린으로 변신한 자동차 유리
차 유리 전체가 영화 스크린, 컴퓨터 모니터 등으로 변신할 수 있는 디스플레이 기술은 이미 개발되어 있어. 디스플레이란, 전기적 신호를 우리가 눈으로 볼 수 있도록 만들어 주는 화면 표시 장치야.
텔레비전, 컴퓨터 모니터 등은 물론 투명한 디스플레이도 개발되고 있지.
투명 디스플레이는 유리처럼 쓸 수도 있고 다양한 화면으로 쓸 수도 있어.

와우! 녹화된 자연 경관이 있다면 자동차 안에서 사막도, 바다도, 우주도 볼 수 있겠다!

가족이나 친구들이 함께 탈 때는

마주 보고 이야기를 나눌 수 있으면 좋겠지?

따라서 좌석은 앞뒤 좌우로 자유롭게 움직일 수 있도록 만들고

마주 앉은 사람들이 간단한 차를 즐기거나 할 수 있게

좌석 사이에 테이블까지 놓을 수 있으면 더 좋을 거야.

분위기까지 바꿀 수 있으면 금상첨화지.

이게 가능하냐고? 차 유리뿐만 아니라 차 내부까지

투명 디스플레이라면 가능하지 않을까?

투명 디스플레이에 바다나 푸른 들판이 플레이되면,

차에 탄 사람들이 차 안이 아니라

바다나 푸른 들판에 앉아 있는 착각을 하게 될지도 몰라.

ⓒ heatherwick studio

카페 같은 자동차
사진은 세계적인 디자이너 토마스 헤더윅이 디자인한 자율주행 자동차의 내부 모습이야.
유리창 전체가 투명 디스플레이로 설치되어 바다, 들판 등
멋진 자연 경관을 출력하면 자연 속 카페 같은 느낌이 들 수 있을 거야.

이렇게 차량 내부가 바뀌면 자동차 외관도 크게 바뀔 거야.

일단 사이드미러가 없어지겠지.

사이드미러는 운전자가 좌우, 뒤편의 상황을 볼 수 있게

만든 거니까.

차 외부에는 주변의 차 혹은 사람들과 소통할 수 있는

디스플레이가 장착될 거야.

양보해 준 차에게 "고마워!", 양보하려면 "먼저 가!",

차를 이용하려는 사람에게는 "안녕!"

이런 식으로 메시지를 전달하는 거지.

승객과 소통하는 자동차
차 앞쪽 하단에
"Hey, David"라고 보이지.
David가 호출한 차량인가 봐!
이렇게 차가 인사를 하면,
David는 자기가 타야 할
차량임을 바로 알 수 있겠지?

ⓒ Smart

차의 모양도 지금보다 다양해질 거야.

그러면 저 차가 내가 이용하려는 차인지 쉽게 알아볼 수 있고,

사용자는 자신이 원하는 디자인을 선택해 탈 수 있으니까,

여럿이 공유하는 차인데도 내 마음에 드는 차를 타고 다닐 수 있어.

박스형 차도 많아질 거야.

지금 우리가 타는 차는 유선형이 많아.

유선형이면 자동차가 달릴 때 공기의 저항을 덜 받아

빠르게 달릴 수 있을 뿐만 아니라 소음도 적거든.

하지만 차량 내부 공간이 줄어드는 단점이 있지.

그런데 차 안에서 영화나 게임을 즐기고

혹은 마주 앉아 뭔가를 먹으면서 이야기를 나누는 사람들에게

유선형 자동차보다는 박스 형태 자동차가 더 편리해.

자동차 내부가 더 넓고 높아지니까.

내부가 넓어 다양한 공간으로 변신 가능한 자동차
일본의 자동차 회사 토요타의 박스 형태 자율주행 자동차야.
박스 형태라 내부가 넓어서 사무 공간으로도 답답해 보이지 않아.

자동차를 생산하는 방식도 변할 거야.

지금 자동차는 전통적인 **컨베이어 시스템**으로 생산돼.

컨베이어는 재료·반제품·화물 등의 물건을

연속적으로 실어 나르는 자동화된 기계 장치를 말해.

이를 이용하면 생산 능률을 높일 수 있는데

컨베이어 벨트를 이용해 생산 능률을 높일 수 있도록

생산 방법을 조직한 것을 컨베이어 시스템이라고 해.

컨베이어 시스템은 자동차가 발명되고 수요가 폭발적으로 늘어났던

20세기 상황에 딱 필요했던 방식이야.

몇몇 종류의 자동차를 빠르게 많이 생산할 수 있거든.

그런데 자율주행 자동차가 상용화되는 시대에는

다양한 제품을 생산해야 하잖아?

또 같은 차량이라도 소비자의 요구에 맞춰

옵션이나 편의 사항이 달라지지.

이런 차들을 생산하는 데는

컨베이어 시스템이 맞지 않아.

그래서 **새로운 자동차 제작 방식이 대두**되고 있어.

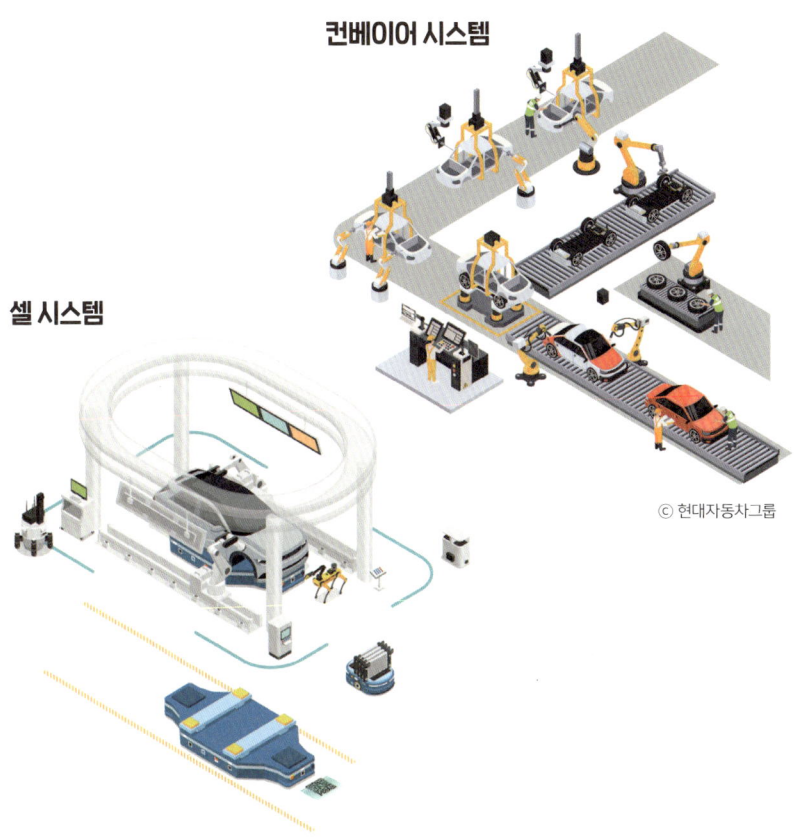

ⓒ 현대자동차그룹

컨베이어 시스템과 셀 시스템

컨베이어 시스템은 자동차 제작을 하나하나 나눠. 노동자나 로봇들은
컨베이어 벨트에 차체가 실려 오면, 정해진 시간에 정해진 일을 하도록 조직되어 있지.
엔진 부착하기, 바퀴 끼우기, 라디오 설치하기, 차량 도색하기 등등과 같은 일들 말이야.
모든 게 정해져 있어서 다양한 품목이나 다양한 사양의 차를 생산하기 어려워.
셀 시스템은 대표적인 새로운 자동차 제작 방식이야.
자동차 생산 공정을 셀 단위로 나누고, 각 셀에서 4~5개의 작업을 수행해.
이때 그 차량의 특성에 맞는 작업 지시가 있어서 다양한 차량, 다양한 사양을 만들 수 있어.
셀 시스템에서는 로봇의 활용도를 높여 생산 속도도 향상시킬 거야.

미래의 자동차 형태로 또 떠오르는 게 PBA야.

==PBA_{Purpose Built Vehicle}는 우리말로 목적 기반 차량==이야.

특정한 목적을 수행하기 위해 제작된 차지.

택배 회사를 예로 들어 볼게.

택배 회사는 골목골목을 돌아다니며 제품을 수거해서

수거한 제품을 곳곳의 중간 지점으로,

중간 지점으로 모은 제품들은 다시 대규모 물류센터로 운송해.

대규모 물류센터에서는 모인 제품을 지역별로 다시 나누어

중간 지점으로 보내고. 여기서 다시 골목골목으로 배송되지.

이때 택배 회사들은 여러 크기의 트럭을 이용해.

골목골목 돌아다닐 때는 작은 트럭을,

대규모 물류센터로 제품을 모을 때는 큰 트럭을,

중간 지점으로 제품을 내려보낼 때는 중간 트럭을

쓰는 게 경제적이야.

그런데 수거한 제품들을 하나하나 내리고 싣는 것보다

같은 트럭에 실릴 물건을 커다란 캐비닛 같은 데 넣어

한 번에 싣고 내리면 시간과 노동력을 크게 줄일 수 있어.

같은 지역으로 보낼 물품 역시 캐비닛을 이용하면 좋겠지?

이런 택배 회사의 필요에 맞게 PBA를 제작하려면 어떡하면 될까?

트럭을 레고 블록처럼 조립할 수 있게 만들면 돼.

이런 차들 역시 컨베이어 시스템보다는

새로운 자동차 제작 방식이라야 만들기 쉬울 거야.

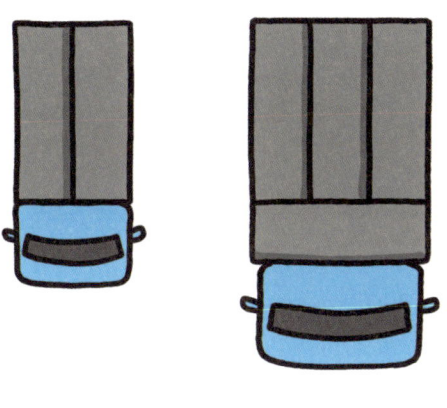

블록처럼 조립할 수 있는 트럭
트럭 짐칸에 물품을 실을 수 있는 캐비닛을
레일 등을 이용해 끼웠다 뗐다 하도록 만드는 거야.
캐비닛은 트럭 크기에 상관없이 모두 사용할 수 있고.
그러면 물품을 하나하나 내리지 않고, 캐비닛 단위로 내릴 수도 있겠지?
앞으로 택배 회사들은 자동차 회사가 만든 트럭을 사서 쓰기보다
자기들에 맞는 PBA 자율주행차를 주문 제작해 쓰게 될 거야.

자율주행 자동차의 시대가 되면, 자동차는 또 어떻게 변할까?

더 상상해 봐!

> Check it up 2   도시

자율주행 자동차가
도시를 바꾼다

선진국이든 개발도상국이든 할 것 없이
사람들은 도시에 모여 살아.
도시에 가야 일자리를 구하기 쉽고
도시에서 생활해야 교육, 의료, 문화 등 대부분의 분야에서
질 좋은 서비스를 받을 수 있기 때문이야.
또 사람이 도시에 모여 사는 건 어떤 면에서는 굉장히 경제적이야.
세계적인 이론물리학자인 제프리 웨스트는
==도시가 2배로 커질 때==
==도로, 상하수도, 전선 등과 같은 기반 시설은 85%만 증가하는==
규칙성을 발견했어.

2배로 커졌으니 100% 증가할 것 같은데 말이야.

하지만 도시에 살려면 감내해야 하는 것들이 있어.

공해, 교통, 주거, 범죄 등과 같은 문제들 말이야.

그런데 자율주행 자동차가 상용화되면
도시의 공해 문제가 나아질 수 있어.

자율주행 자동차를 비롯한 UAM 등 미래 교통수단은

모두 전기를 이용하거나 수소를 연료로 운행될 거야.

내연 기관 자동차처럼 공해 물질을 내뿜지 않는 거야.

자율주행 자동차가 상용화되면 도로가 스마트해질 거야.

자율주행 자동차는 도로의 정보를 실시간으로 수집하고 분석해 길을 찾고 운행해.

그런데 도로가 차량에 정보를 주면 자율주행 자동차가 더 잘 운행될 수 있어.

신호등이 자율주행 자동차에게 언제 신호가 바뀔지 알려 주고 도로 곳곳에 CCTV가 차량에게 정보를 주는 거야.

자율주행 자동차가 더 빠르고 안전하게 운행할 수 있게 말이야.

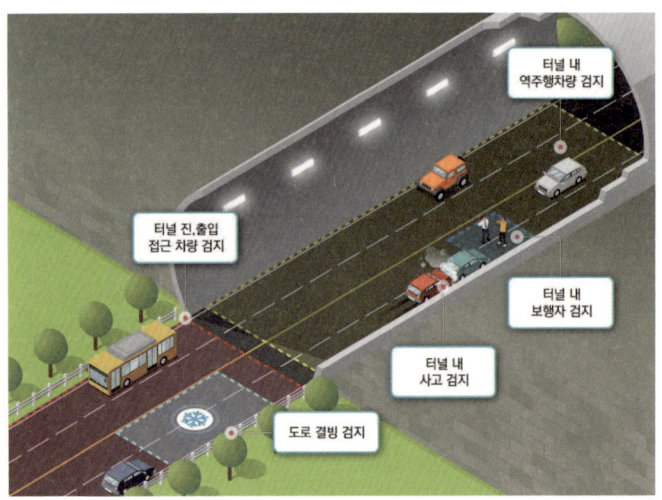

ⓒ 한국건설기술연구원

스마트 도로
도로는 많은 정보를 차량에게 줄 수 있어! 이런 정보는 차량이 안전하고 빠르게 운행하는 데 큰 도움이 돼.

일론 머스크가 제시한 지하 터널을 이용해 자율주행 자동차를 운행하고 도시건축가 유현준의 아이디어처럼 지하 터널을 이용해 물류를 운송하고, 여기에 UAM까지 상용화되면 도시는 수직으로도 보다 긴밀하게 연결될 거야.

이렇게 자율주행으로 운행되는 교통수단이

사람과 물류를 수평적으로 또 수직적으로 연결하고

도로까지 스마트해지면 차량의 흐름이 많이 빨라질 거야.

도시의 고질적인 문제인 ==교통 체증 문제 해결==에도

자율주행 자동차가 도움이 되는 거지.

차량 흐름이 빨라지고 교통 체증이 줄어들면

그만큼 ==에너지의 효율==을 높일 수 있어.

서 있는 시간이 줄어들면 그만큼 에너지 사용도 줄어드니까.

==도시의 외관도 변하게 될 거야.==

도심의 주차장이 많이 사라지겠지!

차를 공유하게 되는 만큼 주차하는 차량도 줄어들 테니까.

주차장이 있던 땅에 공원을 조성하면 도시는 더 아름다워질 거야!

주차장이 있던 땅에 도서관과 같은 공공시설을 짓는다면

도시는 더 즐거워지고 사람들은 더 여유로워질 거야!

어쩌면 도시가 더 거대해질지도 몰라.

더 빠른 교통수단과 더 빠른 차량 흐름 덕분에

먼 거리도 쉽고 빠르게 오갈 수 있으니까.

또 자율주행 자동차로 도시가 어떻게 변신할까?

상상해 봐!

미래를 상상해 보는 건 아주 중요해.

상상은 기술을 자극하고 기술은 상상을 현실로 만드니까!

그리고 그 과정을 통해

내가 하고 싶은 것, 또 우리가 해야 하는 것을

찾아낼 수도 있으니까!

Check it up 3 │ 사람

잃을 것과 얻을 것

마지막은 사진과 질문으로 시작해 보자.

1900년, 뉴욕에서 열린
부활절 퍼레이드

1913년, 뉴욕에서 열린
부활절 퍼레이드

ⓒ wikimedia commons

ⓒ library of congress

뉴욕에서는 예수님의 부활을 축하하기 위해
부활절이 되면 퍼레이드를 벌여.
20세기 초반까지 퍼레이드는 부유층 중심으로 진행됐지.
자, 그럼 여기서 문제!
옆의 두 사진에서 뭐 느껴지는 거 없어?

맞아! 이 사진을 보며 깜짝 놀라는 이들이 많지.
"아니, **13년 만에 마차에서 자동차로** 바뀐 거야!"
1885년, 벤츠가 최초의 자동차를 시장에 내놓은 뒤
15년이 지난 1900년까지만 해도
많은 사람이 "자동차를 누가 타?"라고 생각했대.

하지만 그로부터 다시 13년이 흐른 뒤

자동차는 마차를 밀어내고 대세 교통수단이 됐어.

자동차 회사들은 이런 사진을 공개하며

자율주행 자동차도 한순간에 대세가 될 거라고 광고하기도 했지.

그런데 조금 다른 관점으로 한 번 더 앞의 사진을 봐 주면 좋겠어.

==“자동차를 운전하게 된 사람들은==

==다시 말이나 마차를 다룰 수 있었을까?”==

물론 말과 마차를 다루던 사람들은

여전히 말과 마차를 다룰 수 있겠지.

1900년도에 20살 이상이었던 사람들은 말이야.

그런데 1900년 이후에 태어난 사람들은?

말이나 마차를 다룰 수 있었을까?

그런 사람들은 소수였을 거야.

더 이상 교통수단으로 사용하지 않는데

말과 마차를 다루는 법을 배울 필요가 없잖아!

그래서 결국 말을 타는 승마는 스포츠가 되었어.

올림픽 종목으로 채택도 됐지.

자율주행 자동차가 보편화되면 이런 현상이 또 일어날 수 있어.

자동차가 알아서 데려다주고, 가져다 주는데

사람들이 왜 운전을 배우겠어!

한편으로 사람은 도로에서 운전하지 못하게 할 수도 있어.

사람이 운전하면 돌발 상황이 생기기 쉬우니까.

그래서 **사람들은 운전하는 법을 잊어버릴지 몰라!**

운전은 취미나 스포츠의 범주로 바뀔 수도 있어.

자율주행 자동차의 등장으로 운전 능력을 잃겠지만

자율주행 자동차는 분명 우리를 더 자유롭게 할 거야.

자율주행 자동차를 타면 누구나 어디든 갈 수 있으니까!

노쇠해서 운전하기 힘든 노인도

몸이 불편해 운전할 수 없는 장애인도

너무 어려 운전이 무리인 어린이도

원하는 곳 어디든 갈 수 있어!

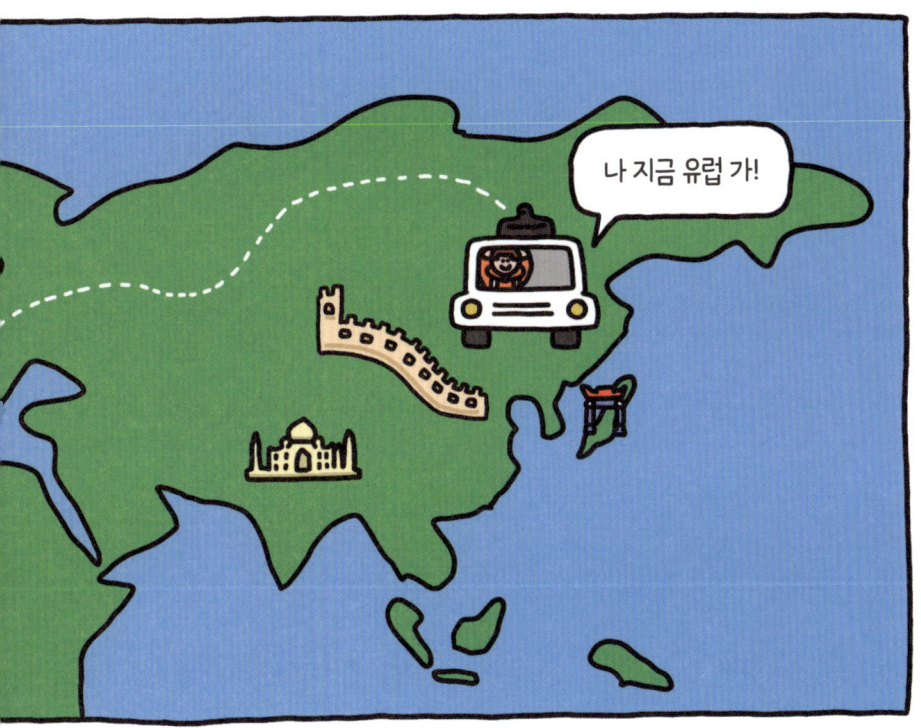

먼 거리를 여행할 때도 걱정 없어.

침대가 있는 차량을 선택하면,

캠핑카에서 차박하듯

자율주행 자동차에서 먹고 잘 수 있으니까.

혼자서 10시간 달려가야 하는 거리도 끄떡없지.

운전을 안 해도 되니 10시간이든 20시간이든 달릴 수 있으니까.

한마디로 자율주행 자동차 덕분에

==우리는 보다 쉽게 이동할 수 있는 자유==를 얻을 수 있어.

가끔 상상해.

자율주행 자동차를 타고 아시아 동쪽 끝에서

유럽 서쪽 끝까지 가 보는 상상!

칭기즈칸이 말을 타고 달렸던 길을

자율주행 자동차로 달리는 상상을 하면

온 세상을 다 만날 수 있고

온 세상이 다 내 것 같다니까!

Another Round

우리는 Next Level!

이 책을 보고 자율주행에 대해 어떤 시각을 갖게 됐는지
그래픽 오거나이저 Graphic Organizer 로 표현해 보자!

자율주행 핵심 기술을 3가지만 꼽아 봐.
그리고 그 기술이 각각 어떤 역할을 하는지 간단하게 메모해 봐.

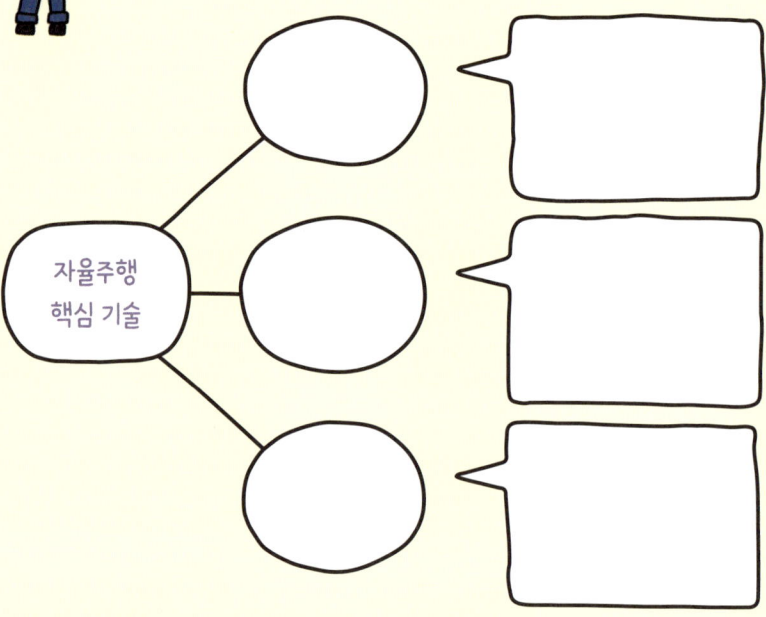

완전한 자율주행 자동차,
즉 언제 어디서든
자동차가 스스로 운전하는
5단계 자율주행 자동차는
개발될 수 있을까?

왜냐하면 .... 다.

만약 세상 사람들 모두가 자율주행 자동차를 타고 다닌다면, 나와 이 세상에는 어떤 변화가 생길까? 그 변화를 상상해 봐.

글 서승우·최향숙 **그림** 젠틀멜로우

초판 1쇄 펴낸 날 2024년 5월 30일 **초판 3쇄 펴낸 날** 2025년 7월 21일
기획 CASA LIBRO **편집장** 한해숙 **편집** 신경아 **디자인 포맷** 최성수, 이이환 **디자인** 퍼플페이퍼
마케팅 박영준 **홍보** 정보영 **경영지원** 김효순
펴낸이 조은희 **펴낸곳** ㈜한솔수북 **출판등록** 제2013-000276호
주소 03996 서울시 마포구 월드컵로 96 영훈빌딩 5층
전화 02-2001-5822(편집), 02-2001-5828(영업) **전송** 02-2060-0108
전자우편 isoobook@eduhansol.co.kr **블로그** blog.naver.com/hsoobook
인스타그램 soobook2 **페이스북** soobook2
ISBN 979-11-93494-49-3, 979-11-93494-29-5(세트)

어린이제품안전특별법에 의한 제품 표시
품명 도서 | 사용연령 만 7세 이상 | 제조국 대한민국 | 제조사명 ㈜한솔수북 | 제조년월 2025년 7월

ⓒ 2024 서승우·최향숙·젠틀멜로우·CASA LIBRO

＊저작권법으로 보호받는 저작물이므로 저작권자의 서면 동의 없이
  다른 곳에 옮겨 싣거나 베껴 쓸 수 없으며 전산장치에 저장할 수 없습니다.
＊값은 뒤표지에 있습니다.

야무진 10대를 위한 미래 가이드
넥스트 레벨은 계속됩니다.

❶ 인공지능
조성배·최향숙 지음

❷ 메타버스
원종우·최향숙 지음

❸ 우주 탐사
이정모·최향숙 지음

❹ 자율 주행
서승우·최향숙 지음

❺ 로봇
한재권·최향숙 지음

❻ 기후위기와 에너지
곽지혜·최향숙 지음

❼ 팬데믹과 백신 전쟁
김응빈·최향숙 지음

❽ 생명공학
김무웅·최향숙 지음

❾ 뇌과학
홍석준·최향숙 지음

❿ 과학혁명과 현대과학
남영·최향숙 지음